大夏书系·语文之道

有滋有味教语文

语文教师应知的教学技巧

刘祥 著

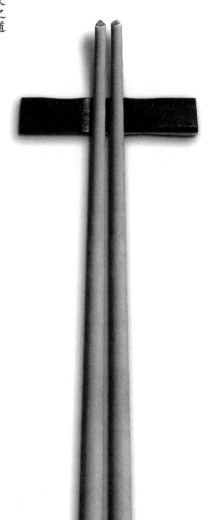

华东师范大学出版社

全国百佳图书出版单位

目录

序一 为中学语文课堂立法 001

序二 教出语文课的应有滋味 007

第一辑 应该确立的语文宏观视野

语文如何"见众生" / 003

从"知识在场"到"生命在场" / 008

不一样的课堂结构 / 015

角色扮演,谁说了算 / 024

给语文一把尺子 / 032

第二辑 应该知晓的语文教学技巧

语文应该如何备课 / 043

如何确立课时目标 / 053

如何选择教学方法 / 060

如何设计课堂主问题 / 070

如何导入新课 / 079

如何组织课堂活动 / 091

如何介绍作者与背景 / 100

如何进行课堂拓展 / 109

如何实现长文短教 / 118

第三辑 应该钻研的语文课程属性

小说应该如何教 / 129

散文应该如何教 / 139

诗歌应该如何教 / 148

文言文应该如何教 / 158

作文应该如何教 / 166

第四辑 值得借鉴的语文教学案例

《一滴眼泪换一滴水》课堂实录及教学反思 / 177

《装在套子里的人》课堂实录及教学反思 / 195

《荷塘月色》课堂实录及教学反思 / 211

《师说》课堂实录及教学反思 / 222

附录 名师、媒体人眼中的"三度语文" / 235

后　记 / 239

序一　为中学语文课堂立法

2005年,我开始混迹于"教育在线",与刘祥兄偶然结识。虽然常常读其文章,但交往并不多。直到我们一起担任"语文沙龙"的版主,这才熟络起来。2006年,我俩又同任《新风教育》的特约编辑,组稿谈稿,彼此更加了解。我也有幸走进祥哥的"阳光心灵",对这位安徽老乡有了更多的敬意。

与我的野狐禅不同,祥哥是真正科班出身,是从赛课中走出来的。其研究功底扎实,立论严谨,持之有故。比如《追寻语文的"三度"》《语文教师的八节必修课》等学理性很强的著作就是如此;但有趣的是,祥哥并没有丢弃浪漫的一面,骨子里还是很浪漫。他的教育日记《走过高三》,散文集《岁月屐痕》,就更多呈现出这一面。这两面合在一起,才是完整的祥哥。

祥哥的著作中,既有文学的阐发,又有科学的概括;既有艺术的具象,又有科学的抽象;既有文学的结晶,又有科学的结论;既实现了感性和理性的沟通,又达成了艺术与科学的匹配,读其文,听其课,最初你会在形象感染中陶醉,最终又会在逻辑推理中清醒。

读完大作《有滋有味教语文》,我的这种印象更加强烈。不揣浅陋,试概括为三:

一是有人。

祥哥的眼里是有人的,他尽量从"人的视角"观察问题、发现问题、研究问题。他知道,语文教学,归根结底,是服务于"人"的活动行为,正因为如此，他的语文教学以人为本，以文求道，以文育人，进入到了春风化雨的境界。

教育是农业，不是工业；学生是种子，不是瓶子。这些年，祥哥努力做一个教育的农人，他挥汗如雨，精耕细作，但又不折腾，不用力过猛，他知道有些东西必须让它自己熟。

他说："作为种子的语文，它的使命是生长；作为种子的传承者，我们的使命是让种子依照种子的生长规律而自在生长。"

在这一点上，我和祥哥达成了高度一致。我们给所有的孩子一样的阳光和雨水，但不要求他们长一样的高，结一样的果。让玫瑰成为玫瑰，吐露芬芳；让小草成为小草，绿满天涯；让乔木成为大树，撑起栋梁。

所有的教育，都是让孩子成为最好的自己，然后独立给自己的人生赋予意义。在找到教育的名字之前，我以为这就是最好的教育。

二是有法。

这些年，有关语文"工具性""人文性"的大讨论，一直没有停息。"工具性"主张语文教学以语言知识训练为中心，其结果是语文教学越来越技术化，语文负载越来越窄化，语文形销骨立；"人文性"作为对"工具性"的反驳，主张语文教学中要注重对人文精神和人文思想的熏陶，其结果是语文逐渐被泛化，原先的咬文嚼字、文本解读和品味涵泳，逐渐被丢弃，语文成了空中楼阁。

但祥哥却跳出了这个窠臼，大胆提出语文教学宽度、温度与深度的"三度"论，以此建构语文教学的鼎立三足。"宽度"指向每一篇课文、每一节课的目标定位和内容取舍，其立足点是目标与内容；"温度"指向课堂中的流程设计、情境营造，以及有效问题的生成和预设，其立足点是情境与活动；"深度"则指向内容的拓展迁移和学生的思维活动，其立足点是思维与最近发展区。

如此一来，宽度，就是在舍弃中建构完整；温度，就是用问题与活动激活思维；深度，就是唤醒生命的潜在能量。这是给语文课堂立法。当然这是语文课堂的大法，再辅之以小法，语文教学的路径就清清楚楚、明明白白。

譬如，语文应该如何备课、如何确立课时目标、如何选择教学方法、如何设计课堂主问题、如何导入新课、如何组织课堂活动、如何介绍作者与背景、如何进行课堂拓展，等等。这就是语文教学的小法。

针对每一个如何，祥哥都精选经典案例，现身说法。譬如，用一个课时学习《装在套子里的人》这一长文本时，祥哥选择的切入点是"套子是什么？""（ ）把（ ）装在套子里？"前一个问题，学生能够从文本中归纳出一半以上的内容，后一个问题，则在最表象的意义之外，另有更多的意义需要探究。

由后一个问题，自然派生出下列"问题串"：

（1）装在套子里的"人"都有谁？

（2）别里科夫为什么要把自己"装在套子里"？

（3）别里科夫为什么会被装进套子里？

（4）其他人为什么会被别里科夫装进套子里？

（5）契诃夫想告诉我们什么？

（6）教材编者想告诉我们什么？

（7）当下文化背景下，如何看待别里科夫？

（8）学习《装在套子里的人》的现实意义有哪些？

这八个问题，由浅入深，环环相扣，既关注了文本"写了什么"，凸显了文本的作者意义，又关注了文本"怎么样写""为什么写"，强调了文本的编者意义和现实意义。

我一直以为弄得云山雾罩的语文不是好语文，祥哥的语文有法，但更重要的是，这种有法不是枯燥的、僵死的，而是必然王国之后的自由王国，其延展性很大。也就是说，这种有法，不是束缚人的镣铐，而是金箍棒和混天绫，能够让我们大闹天宫和上天入地。

三是有道。

祥哥的语文是有道的。老子说，道可道，非常道，直接否定了说"道"的可能性。

王阳明一则案例则更有意思。

学子刘观时向王阳明请教"道"："道有可见乎？"

阳明子曰："有，有而未尝有也。"

曰："然则无可见乎？"

曰："无，无而未尝无也。"

曰："然则何以为见乎？"

曰："见而未尝见也。"

观时曰："弟子之惑滋甚矣。夫子则明言以教我乎？"

阳明子曰："道不可言也，强为之言而益晦；道无可见也，妄为之见而益远。夫有而未尝有，是真有也；无而未尝无，是真无也；见而未尝见，是真见也。"

尽管"道不可道"，但老子还是忍不住用各种喻象来描述道。老子的"道"不是天外飞仙，而是生活之"道"，剥离了生活就不可能领会"道"。

东郭子问于庄子曰："所谓道，恶乎在？"庄子曰："无所不在。"东郭子曰："期而后可。"庄子曰："在蝼蚁。"曰："何其下邪？"曰："在稊稗。"曰："何其愈下邪？"曰："在瓦甓。"曰："何其愈甚邪？"曰："在屎溺。"

就祥哥的语文教育来说，"有人"是根本，是前提，是基础；"有法"，是术，是方法，是技艺；"有道"，是根本，是价值理性，是灵魂所在。

"为学日益，为道日损，损之又损，以至于无为，无为而无不为。"

什么是教育？把在学校里所学的东西都忘掉之后，剩下来的就是教育。真正的教育乃是求道的。

但"道"在哪里?"道"在生活中。就祥哥的语文来说,"道"在寻常的课堂之中。不妨研究祥哥课堂的一个片段。

在《一滴眼泪换一滴水》中,祥哥说:要全面认知一个人物,我们也可以在鉴赏人物形象时,学会变化一下思考的角度。

教师展示第六张PPT:

思考:伽西莫多是个什么样的人?

在围观者的言语中,他是……

在行刑者的皮鞭下,他是……

在克洛德的意识中,他是……

在爱斯梅拉达的眼睛中,他是……

在雨果的心目中,他是……

在"我"的认知中,他是……

师:这里的每一个省略号,都不一定拥有相同的答案。同学们表达出的,就是你们眼中的独一无二的伽西莫多。请思考一下这些省略号,看看你能将它们转化为什么样的具体信息。

学生的回答精彩纷呈:在围观者的言语中,伽西莫多是一个会给人带来灾难的魔鬼;在行刑者的皮鞭下,伽西莫多是一个可怜的罪犯;在克洛德的意识中,伽西莫多是一个只会给自己的声誉抹黑的晦气鬼;在爱斯梅拉达的眼睛中,伽西莫多是一个值得同情的可怜人;在雨果的心目中,伽西莫多是一个灵魂暂时染上灰尘的人;在我的认知中,伽西莫多是一个心地单纯但被黑暗社会无法容纳的人。

教师问:这里的几个问题,角度有什么样的变化?

学生豁然开朗:前四个问题,来自课文;第五个问题,探究的是作者的情感;第六个问题,要求从读者的角度理解。

教师顺势总结:是的,认知人物时,这样的角度,值得关注。这就是文本鉴赏中应该关注的文本意义、作者意义和读者意义。任何一种阅读,都应该是这三种意义的结合体。

"道"在哪里?"道"在课堂中,在每一节课堂的细节之中。在这个案例片段中,学生学到的不仅是认识问题的角度、多元解读的方法,更是一种宽容和理解,以及每个生而为人的人所拥有的独立判断,还有悲天悯人的情怀……

一切没有进入灵魂的教育,都是肤浅的、苍白的、失血的;让学生清楚地看到一个痛苦时代的痛苦,一个挣扎时代的挣扎,一个希望时代的希望,一个有良知人的灵魂的拷问……我觉得这或许就是语文的"道"。

读完祥哥大作,有"向来枉费推移力,此日中流自在行"之叹,但愿更多的语文同行早日读到此书,做语文教学的明白人。

是为序。

王开东

2016 年 11 月 22 日

序二　教出语文课的应有滋味

人到中年后，在语文学科教学的道路上，我越来越被一些似是而非的问题绊住了前行的双脚。比如：语文是什么？学生为什么要学习语文？身为语文教师，我传递给学生的，真的是语文吗？

我在思考这些问题时，也总在试图求得学生们最渴望的"标准答案"。于是，我也如我的学生们一样，将大量的时光投入到"解题"过程中，并在不知对错的状态下，信手写下过很多貌似答案的文字。

在应邀为某期刊撰写的卷首语中，我曾这样描绘过心目中的语文与语文教学：

语文只是一粒种子，一粒经历过无数次播种、生长、收获的文化种子。

这粒语文的种子，从前辈们的手中传给了身为语文教师的我们。我们也就成了它的土地和外部环境的必要构成。面对这粒种子，我们是终日里将其捧在手心中，苦苦研究它的来龙去脉，还是想方设法平整土地，蓄积肥料，贮存水源，将其植入泥土，精心呵护它的生长？答案看似很明显，真要落实到具体的教学行动中，却难以厘清。

面对这粒种子，无论有多少困惑，我们还是要将它植入大地。我们掌控不了风雨雷电，却有力量在暴雨侵袭时，为它撑一把伞；在烈日炙烤时，为它铺一片阴。我们需要拒绝坐等风和日丽，也需要拒绝怨天尤人，还需要不断学习耕耘的经验。我们只有还原它种子的属性，并尽己之能陪伴它共同成长。

作为种子的语文，它的使命是生长；作为种子的传承者，我们的使命，是让种子依照种子的生长规律而自在生长。

种瓜得瓜，种豆得豆。语文只是一粒种子，结出的果实，只能是语文。

即使到今天，我依旧未弄明白，我对语文的此种评述，究竟是接近了本真，还是谬以千里。但直觉总在告诉我，这"答案"太过诗意，解决不了现实语文教学中的具体问题。现实生活中的语文，尤其是近二十年来的现实生活中的语文，早已被分数和名次切割得血肉模糊，哪里还会有如此多的美好。很大程度上，现实生活中的语文，就是一道道具体的、可以形成标准答案的选择题、填空题和简答题，就是排名表上决定姓名沉浮与心情好坏的那几个阿拉伯数字。这样的语文，了无情趣。倘若真要品一品它的滋味，除了血腥气，便是腐臭味。

我早已厌倦这样的语文味道，但我无法逃避。我不想在这样的滋味中窒息，也不想在这样的滋味中疯狂。因为我压根儿就拒绝这非正常的滋味。我所需要的，是色香味俱全的语文，是含英咀华、齿颊留香的语文。为此，我以我的思考为菜肴，以我的课堂为厨具，努力加工有营养的、符合人的正常需要的语文课。我渴望将我的思考、我的实践，连同我的文字，合力制作成一桌拥有语文的应有滋味的家常菜，让乐意于品尝此种菜肴的人们，透过应试的厚障壁，感受到来自教学一线的真实语文味道。于是，我便在这个杨柳尚未吐芽、野草却已返青的早春，开始梳理我对语文教学的各种想法，并尽力将其整合成既有一定的理论探究意义又有较强的实践操作性的语文学科教学专著。

本书的第一辑，侧重于探究语文教学中的宏观问题。其中，既有对语文教学三重境界、三个"在场"的思考，也有对探索数年的"三度"语文教学理念的系统化阐述。这些相对务虚的学理性认知，均来自我最近十余年的反思与领悟。我将这些感悟，放置于学生生命成长需要和语文学科课程建设需要的专业平台上，尽量从"人的视角"观察问题、发现问题、研究问题。我知道，语文教学，归根结底，是服务于"人"的活动行为。

本书的第二辑，侧重于探究语文教学流程中的技巧性问题。此类问题涵盖语文教学流程的全过程：从教师的备课，到学生的自主学习；从课前的预设，到课堂的生成；从教学环节的组织，到教学资源的拓展延伸；从应试能力的养成，到综合素养的锤炼……我想做的，只是立足于"课程"这一核心，尽可能多地解剖那些相对显性的教学环节，尽我之力，为阅读本书的同行们构建可资参考的微观性技能体系，借以减少语文教学中的无端消耗，让语文教学更多拥有明晰且规范的操作性能。为了达成此种目标，我将尽最大努力，精选典型教学案例，分点探究各项教学技能。当然，受多方面因素的制约，我所呈献给读者的，或许依旧只是皮毛。

本书的第三辑，从课程和文体特征的角度探究语文教学中的相关技巧。此部分的内容阐释，尽量紧扣教学内容的文本特征而展开，致力于挖掘不同类型教学文本的不同教学方法。我的目标，在于区分出不同文本特征的教学内容的课程差异，让语文教学不再成为文体内容的跟班者，而是成为文体表达形式的探究者与实践者。

本书的第四辑，为近几年中应邀赴外地执教示范课的部分实录及教学反思。该辑的内容，是对第三辑的呼应。所选的四个实录，分别为小说教学两例、散文教学和文言文教学各一例。这些内容，可视作第三辑的后置论据资料。

需要强调的是，本书第二、三辑所论述的语文教学技巧，并不是对数十年语文教学变革中"各门各派"教学理念与教学实践的整合，而是对建立在我的"三度"语文观之上的自我实践经验的归纳。我希望用此等刻意提炼后的案例，为读者，尤其是读者中的年轻语文教师，提供一些避开弯路的方向标识。当然，我所阐释的所有教学技巧，必然建立在我所认知的语文理论基础之上，倘若某位读者，不能接受我在前三辑中陈述的观点，也就很难接受与之对应的这些技巧。毕竟，理论是根本，技巧只能是特定理论支配下的具体方法。

另需说明的是，我在十多年前，便已宣言不再同单纯应试的"语文"交朋友。所以，本书中的各种教学技巧，均不指向单纯应试技能，而是指向语文教学必须关注的"人"与"课程"。语文教学当然离不开必要的检测，但顺应教学规律的检测，与纯粹为了应试的检测，终究属于风马牛不相及的两件事儿。如果哪位读者，幻想着从这本书中寻找到语文应试的"葵花宝典"，那您一定倍感失望。我虽知晓"挥刀自宫"能够在短时间内快速提升应试功力的"考林秘笈"，却绝不愿任何人修炼之。因而，我只谈不扭曲人性的修炼之术，只谈让语文成为语文的操作之术。

在我心中，语文教学的理论，必须是生命健康成长之理论；语文教学的技巧，只能是顺应天性和未来发展需要之技巧。有滋有味教语文，教出的只能是生命健康成长的滋味、顺应天性和未来发展需要的滋味。

是为序。

刘祥

2016 年 3 月 6 日

有滋有味教语文

第一辑
应该确立的语文宏观视野

语文如何"见众生"

电影《一代宗师》中，女主角宫二对男主角叶问说过这样一段话："习武之人有三个阶段：见自己，见天地，见众生。我见过自己，也算见过天地，可惜见不到众生。这条路我没走完，希望你能把它走下去。"

宫二的话，说的是习武者的三重价值诉求。在宫二的意识中，"见自我"应该指向个体内部的能量，以个体能力的最大化为修炼目标；"见天地"指向无限丰富的外部世界，强调武学修为中的博采众家之长，追求"学无止境"的修炼过程；"见众生"则指向武学的最终价值诉求，所谓"侠之大者，为国为民"，就是对它的最好解读。

我不懂武学，却对语文教学有一定的想法。这段话进入我的耳朵中，再经由大脑加工，便转化成了语文教学的三重价值诉求。我认为，武学的修炼过程，与教学的修炼过程，本质上并无区别。语文教学需要面对的，同样是自我与他人，同样要先修炼好自身的内功，然后不断学习，博采众长，最终形成服务于学生的终身成长需要，同时服务于自身的终身成长需要的杰出教育教学能力。这样的修炼过程，完全可以用"见自己""见天地""见众生"来表述。

我当然希望，所有的语文教师，都能够在语文教学中顺利完成"见自己""见天地""见众生"的三重修炼。我更知道，并非所有的教师都能够进入"见众生"的教育境界。有的教师，终其一生，连"见自我"的境界也无法进入。语文教学的三重价值诉求，并非无遮无拦地袒露在教育教学的旷野中，而是藏在教学艺术的殿堂内，不入其门者，便无缘与之相识相知。

一、见自我

能够在日常的语文教学中"见自我"，真的不是一件很容易的事。身为语文教师，我们的"见自我"，该是"见得着"自己的教育理想，"见得着"自己的人生规划，"见得着"自己的真实业务状态（自我的知识储备，自我的现有能力，自我的优缺点），"见得着"自己日复一日的具体行动。我们需要的是尊重教育教学的客观规律；是一方面成就学生，另一方面成就自我；是把每一个学生都看作独一无二的个体；是承认差异，因材施教，科学引导，全面发展……倘若我们每天的工作，只是为了逼迫着所有的孩子，牺牲所有的兴趣爱好，全身心投入题海之中，以换得排行榜上的某个名次，那我们永远也无法在工作中"见自我"。

教育需要的，是生命的健康成长，是个性的健康发展。如果为了完成升学指标，语文教师竟然不允许学生阅读古今中外的经典著作，不允许学生关注时事，接触社会，这样的语文同行，显然对不起"语文教师"这个称呼，又如何能"见自我"？真正的"见自我"，不但要知道自己在做什么，而且要知道自己为什么这样做，更要确保自己在做的事尊重了教育，尊重了生命。我始终坚信，语文教师的成功，不是学生考上了什么样的学校，而是学生经过语文教师这座桥，从此走上了热爱语文、热爱文学的道路。能够照见语文教师的自我价值的最好镜子，是学生喜爱上语文和文学。

"见自我"离不开持之以恒的修炼。浅层次而言，要持久地钻研语文教育教学的各种方法，要广泛阅读语文教育教学的各类文章，要勤于探索，寻找规律；深层次而言，要滋养教育情怀，洞察教育真相，要知晓社会发展的真实需要，并乐意为了这真实需要而开展工作。

那些在语文江湖上纵横驰骋的名师，大多进入了"见自我"的境界。无论是何种招牌的语文,都被他们烙上了深刻的自我印痕。名师们的语文,不再为了分数和排名而存在,他们的语文,就是他们的"可见"的"自己"。他们在自己的语文教育教学实践中"见自我",我们也在他们的语文教育教学实践中"见他们"。

二、见天地

"见天地",是语文教师应该追求的第二重价值诉求。语文教师的"见天地",见的不但是语文的天地,而且是人类社会世代相承的文化与文明的天地。体现在教学内容上,语文教师不但要教应试知识,培养学生的应试能力,更要传承优秀文化,传递高尚情怀;体现在教学方法上,语文教师不但要锤炼自己的方法,更要理解和尊重他人的探索,博采众长,完善自我;体现在教育情怀上,语文教师不但要乐于从语文中收获自身的快乐,更要引领学生一起享受语文之美,让学生终身热爱文学……

"见天地"包含了这样一些内容:

(1)你在,你有一片天;他在,他也有一片天。每一个人的天相连、地相接,才有无限精彩的世界。

(2)月亮不一定是外国的亮,也不一定是故乡的圆。妄自尊大和妄自菲薄,都见不了广阔的天地。

(3)他的天阳光灿烂,不代表你的天也阳光灿烂。或许,正有一片阴云,飘过你的天空。

(4)橘生淮南则为橘,橘生淮北则为枳。再好的种子,也要有适宜的土壤和适宜的生存环境。

(5)他人鬓角的花很美很俏皮很精致,插到自己的鬓角上,或许全无丁点美感。

(6)在天地间驰骋,但不迷了归家的路。

抵达了"见自我"境界的语文教师,不见得可以攀上"见天地"的高峰。若干语文名师,以自我为语文正统,对其他人的探究竭尽全力地批评,这样就算不得见了天地。"见天地"不但要看得见,更要容得下,要将天地纳入胸怀之中,并怀了感恩的心,对待这天地间的一切。

三、见众生

如果说由"见自我"抵达"见天地",是"自我中心"向"物我与共"的价值转换,那么,由"见天地"抵达"见众生",便是"物我与共"向"无我之境"的价值飞跃。

"见众生"中的"众生",可区分为下面四种类型:

(1)最遥远的众生——前贤。前贤的思想与情感,凝聚成了一篇篇精美的文字。引导学生学习这样的文字,绝不只是为了知道历史上曾经有过这样一篇作品,更不只是为了用这样的文字充当考试机器上的一颗螺丝钉。

(2)最虚幻的众生——作品人物。作品中的世界,是现实的镜子。作品中的人物,是现实的影像。见众生,就要引导学生见他人喜怒哀乐背后的人情人性。

(3)最切近的众生——学生。见众生,就是既要见学生的当下发展需要,更要见学生的终身发展需要。

(4)最该关注的众生——未来社会的公民。这个公民,既包括未来必然走向社会的学生,也包括社会上的各阶层人士。语文教学中的见众生,就是要引领学生认知客观社会,正确对待他人。

语文教师的"见众生",从本质上看,就是既要在业务能力上更"见自我",又在目标追求上不"见自我"。进入"见众生"境界的语文教师,其课堂上的一切活动,都是为了学生的成长需要。绝大多数时候,教师心甘情愿地隐身于学生背后,辅助学生学会学习、学会成长。他们的语文教学,没有了高深莫测的文本解读,没有了催人泪下的精彩表演,没有了过分藻饰的锦词丽句。他们或许只安排学生静静地阅读,慢慢地咀嚼,细细地回味。课堂上的他们，不再众星拱月，不再光芒万丈。他们把所有的光芒，都照射到学生的心灵深处。这样的语文教师，绝不会为了炫耀自己的过人才华，而在公开课上把学生当作道具使用。他们，已然返璞归真，渐入化境。

"见众生"，难，也不难。关键只在于，是否舍得放弃一些属于自己的东西，比如名利；又舍得担起一些属于他人的东西，比如责任和使命。

四、路径与方法

理顺了"见自我""见天地""见众生"这三重价值诉求之后，我们还需要思考，如何才能渐次实现这三重价值诉求。我以为，要时刻思考下面这些问题：

（1）想清楚三个问题：我是谁？我能做些什么？我该做些什么。

（2）勇于舍弃，勇于追求。

（3）行中有思，边思边行；注重案例，注重理论，拓展视野，丰富情怀。

做到了上述三点，便可抵达第一重价值——"见自我"。

（1）再忙，也要每天都安排一定的时间，阅读相关的书籍，研究他人的案例。

（2）多与能够接触到的同行交流，不论他是功成名就，还是初出茅庐。

（3）倘有闲暇，还要多读点专业之外的书，广泛涉猎各方面的知识。

（4）行万里路，读万卷书，都需要以积极的思考为底子。不思考的人，读再多的书、走再远的路，也成不了思想家。

这四点，是抵达第二重价值的关键——"见天地"。

（1）不被分数绑架，不被行政力量绑架，不被家长和学生绑架，做教学天地中自由自在的鹰。

（2）关注学生的长远需要，关注社会的发展需要。

只有将这两点真正落到日复一日的教学实践中，方可抵达第三重价值——"见众生"。

从"知识在场"到"生命在场"

语文课应该怎么上，或许每个人都能说出一大堆的东西。有人就说，方法并不重要，重要的是让学生考出好成绩。这样的观点，其实极为幼稚。因为且不说语文学科的考试成绩与学生的语文素养并不成正比例关系。就算成绩和语文教学方法紧密相关，也还存在着单位时间内的学习效益问题。在应试至上的教学环境下，每天要求学生做两个小时的语文模考试卷的语文老师，其学生的考试成绩，多数情况下要高于从不挤占学生课外时间的语文老师。此种现状，使得相当数量的语文教师，迷信于通过大剂量的训练来提高学生的应试成绩，对学生其他方面的语文素养极少关注，课堂教学完全异化为考试教学。这样的语文课，不追求课堂教学流程设计是否合理精当，更不追求课堂教学中的"生命在场"，似乎有了分数这"一俊"，便遮蔽了其余的"百丑"。这样的语文，值得所有语文同仁警惕。

我们知道，现行的《语文课程标准》中，语文教学的课时目标，被解读成"知识与技能""过程与方法""情感、态度、价值观"三大类别。倘若将这样的表述稍加改变，便可将语文教学的目标定位区分为"知识在场""技能在场""生命在场"三个方面。这三大目标中，知识在场，主要指教师能够通过合理的课堂教学流程，组织起高效的教学活动，使课程目标内的各知识点清晰呈现于学生的学习过程中。技能在场，指教师在教学过程中，能够在传授知识的同时，引领学生透过知识的表象，挖掘出知识背后蕴含着的普遍规律，并进而将其提炼为一种解决同类问题的指导性技能。生命在场，指教师的教学活动，能够始终关注全体学生终身成长的需要；能够将全体学生的健康发展当作一切教学行为的中心任务；能够在教学活动中，让所有的生命都因为学习本身而激发出极大的热情、散发出极大的能量；能够让所有的学习者都在学习过程中体味到成长的快乐、前行的愉悦。语文教学，唯有始终保持知识、技能与生命的同步在场，才能有效落实语文学科的教学目标，才能让学生在语文课堂上同步完成知识的积累、技能的提升和生命的丰盈。

一、知识在场

相对于其他学科而言，语文课中需要传授的知识，在其内涵与外延两方面，都存在着太多的模糊性。此处所说的知识，主要指语文学科结构中特有的听说读写知识，比如字音、字形、成语、病句、语言实际运用、文言文阅读、诗歌阅读、小说阅读、散文阅读、论述类文本阅读、名句默写、作文等知识。所谓知识在场，即指任何一节语文课的教学，都能够始终围绕知识的传递与落实这一基础性目标而展开。为了实现这样的目标，必须在教学活动中强化基础知识的梳理，强化基本技能的训练。教师要善于预设相关的课堂活动，预设一定量的课堂练习和课后作业，帮助学生识记相应的知识。

知识在场的课，属于授人以鱼。单从中高考应试角度看，其教学效果通常并不逊色于技能在场和生命在场的课，有些时候，甚至因为其目标的单一与直接，反而更能在短时间内提高考试成绩。只是，单纯追求知识在场的语文课，倘若缺乏成体系的课程目标作支撑，便极易形成日常教学中"眉毛胡子一把抓"的混乱，既影响到对教学重难点的强化训练，又影响到学生的学习兴趣。

二、技能在场

技能在场,便是授人以渔。这样的课堂,教师的着眼点,始终瞄准方法的引领和技能的提炼。教师不再满足于将各类知识直接告知学生,而是借助一定的示例与训练,帮助学生掌握必要的思维技能,使其能够在面对相同或相近知识时,灵活运用在课堂上学习到的技能解决相关问题。

技能在场的语文课,在语文教学中,最多体现为对解题技能的归纳与训练。任何一位成熟的语文教师,在引导学生完成各类语文试题时,都必然会将教学的重心放在此类试题的解题思路分析上。为了强化此类技能,相当数量的语文教师,习惯于以"举十反一"的精神和力气,用大剂量的同类试题不屈不挠地反复训练学生。大多数学校的高三语文复习课,做的就是这样的事。

语文学习当然离不开必要的技能。所谓的"教是为了不教",核心意义正在于将必要的阅读方法和思考方法教给学生,帮助学生实现自主学习。需要警惕的是,技能必然处于一定的思想与情感支配之下,如果一味强化技能,却漠视了思想与情感这一主体,技能便无法正常发挥其价值。

三、生命在场

生命在场,则是教学的至高境界。生命在场的课堂,当然不是专一指向课堂教学内容对生命的敬畏与尊重,而是指向教学活动中,每一个学习个体的生命都呈现出一种昂扬向上的学习风貌,每一个学习个体的情感都沉浸在师生良好互动所营造出的知识氛围中,每一个学习个体的价值都张扬在既严肃紧张又团结活泼的学习情境内。生命在场的语文课,不排斥对知识的关注,亦不排斥对技能的培养,因为知识与技能,原本就是生命的必要组成。

当下的语文教学行为中，大量的语文课，关注点在知识与技能两方面。对于课堂上的生命，则多停留在无关注或伪关注层面。太多的语文教师，以为"该讲的都讲了，该做的都做了"，便是落实了语文学科的教学目标，完成了语文课的教学任务，却忘记了课堂上那数十个鲜活的生命，忘记了他们需要诗意的生活，需要灵光一闪的妙悟，需要发自内心的微笑。这样的忘记，体现在课堂教学过程中，便是大多数教师只满足于通过条分缕析，将教材中的知识压缩成便于识记的条条框框直接告知学生，致使学生只处于看客的位置，消极被动地等候着教师灌输知识；体现在课堂活动形式上，便是虽然组织了一定量的教学对话活动，但这对话很多时候并不触及学生的灵魂，且也并不能够兼顾到所有的学生；体现在课堂目标落实上，便是课堂中半数以上的学生缺乏一种积极主动的探究精神，不能主动生成有价值的追问，不会发现教材内容之外的隐语意义。

应该说，正是这些缺失，影响着日常教学的高效性。要想让语文学科的教学真正成为滋润心灵的重要养分，成为构建学生健康成长的重要人文养料，就必须在教学中唤醒所有学习者的生命意识，让所有的生命都自在地活跃于课堂。

四、生命为何不在场

我曾经在半个月内听了教研组内一位年轻教师的两节课。

第一次听这位老师的课时，他教学的是老舍先生的散文《想北平》。这课原本就不太好上，因为老舍先生在文章中凝聚的那种独特情感，是我们眼下的学生难以把握的。面对这样的文章，按理说，教师应该想方设法创造教学情境，引导学生走入文章的语言环境中，一点点品味老舍先生独特的风格，感受文字背后隐藏着的作者的鲜活生命，也可以组织学生和作者、文章进行对话，在对话中或是鉴赏文本，或是解构文本。

然而，我们的这位教师，因为刚刚从高三下来带高一，唯恐自己的学生不能在日常阅读活动中瞄准高考，于是乎围绕着《想北平》设计出这样的课堂教学流程：

（1）从复习旧课导入，安排学生给生字注音，再进行文学常识填空。

（2）在进入新课后，立刻利用多媒体课件，展示鉴赏散文语言的几种方法：分析写法，抓关键词，朗读吟诵，联系背景。

（3）从课文中挑选出几个典型的句子，运用多媒体课件上展示的方法来解剖例句，印证这种鉴赏方法的实际操作效果。

（4）学生速读课文，自己从课文中挑选一个最喜欢的句子，用上述方法进行鉴赏练习。

（5）小组交流心得体会，同时选定一个句子，进一步品味鉴赏，并尝试朗诵。

（6）班级交流，组织讨论。

（7）教师简析《想北平》的选材特点，然后归纳老舍散文的语言特点。

这样的教学设计，自然不缺乏知识与技能。只是，依照这样的设计而进行的教学活动，学生和课文间永远隔着一块透明的玻璃。表面上，课文和学生能够彼此相望，似乎相互了解；实际上，情感无法共振，思想难以交流。

第二次听这位老师的课，教学的是韩少功的散文《我心归去》。这篇课文被编者安排在"月是故乡明"的主题单元内，借作者客居巴黎时的所见所思，表达出对故土的思念以及对故土文化的认同之情。与《想北平》相比，这篇课文中隐藏着的情感意识更为强烈。

这位教师在引领学生解题、阅读课文、探究细节后，又一次把鉴赏散文语言的方法引入到课堂中。她在带领学生研究"异乡"生活和"故乡"生活的不同感受时，先是强化了比喻的辞格，后又举了《社戏》中的一个段落来作为佐证，然后便提升了对语言的鉴赏品味。和上一次授课一样，又是从课文中拎出了几个句子，然后指导学生分别从修辞手法、关键词、表达方式等方面提炼鉴赏的答案。

这位年轻教师的课堂设计，让我想到了平日里听过的很多语文课。教学文言文，就紧扣对文言实词的解释、文言虚词的用法和全文的翻译死下工夫，而绝不顾及文章华美的语言、深邃的思想、丰富的情感；教学古代诗歌，则仅仅把诗歌演变成一道诗歌鉴赏试题，让学生从思想内容、意境分析、语言特色上入手，用规定的字数完成鉴赏的文字，而不去组织必不可少的反复诵读与吟咏；教学记叙文，则只落实信息筛选能力的训练，而不顾作者风格与文章特色，不积累必要的语言。如此等等，又有几节课能够称得上"生命在场"呢？以这样的方式方法授课，任何文本都不再是一个完美的生命体，而仅仅是有限知识点的累积与组合。在这样的授课思想指导下，课堂上的所有活动，都成了功利目的明确的"抓分行动"。

长期以来，外界和语文界自身，对语文教学的"少慢差费"现象一直攻击不断，然而，这样的现象却始终无法扭转。撇开应试教育大环境带来的种种不利因素，单从语文教师自身来研究，不是也可以发现很多问题吗？

首先，我们的语文课堂上，教学目标总是过于功利。尽管我们在备课本上可以写出立足于三个维度能力培养的各种教学目标，而在实际教学活动中，我们所做的，基本上都是为试卷服务、为学生的分数服务、为高考服务。很少有教师能积极主动地意识到，我们的语文课，是在雕琢学生的灵魂；我们，是在为学生心灵的完善服务。

其次，我们的语文课堂，总是在扼杀美好。那么多的优秀作品，我们无法把它们的美丽呈现出来，无法让作品中鲜活的生命、优美的景致、动人的情感走入学生的心灵。我们只是把它们变成一道道试题，然后转换成一个个具体的分数。

第三，我们的语文课堂中，作者、文本、教师、学生不能成为心灵相通、情感相应的知己。我们的教师和学生，几乎从没把文本、作者和作品中的人物看成是鲜活的生命，从来没有想过要和它们建立起心灵上的相知相亲关系。我们用冷漠的眼神观察着它们，研究着如何把它们变成各种各样的刁钻古怪的试题，让它们成为我们帮助学生步入大学殿堂的一个阶梯。

这三方面的不足，如同三把锋利的刀，"凌迟"处决了语文。面对支离破碎的语文，我们每一个语文教师，是否应该深刻反思一下自己的教学行为呢？

五、应有的目标定位法

理性的语文教学，必须坚持"知识在场""技能在场""生命在场"的"三位一体"。要实现这样的学科目标定位，其实并没有多少诀窍。

第一，要做到课堂教学中的"三位一体"，教师必须"生命在场"。教师的生命在场，即指教师能够在备课活动中精心钻研教材，精心创设问题情境，精心策划教学流程，精心预设面对所有学生的各类思考。教师只有将自己的生命体验融注到教材内容中，才会设计出关注所有生命的一切活动，才能满足一切生命的成长需求。

第二，要做到课堂教学中的"三位一体"，教师必须养成面向全体健康发展的教学观。教师的教学，不能仅瞄准能够考取上一级学校的学生，不能将教学当成实现自身利益的工具，而是需要照顾到教室里的所有生命，想方设法让所有的生命都在自己的课堂上获得进步，哪怕这进步微弱到可以忽略不计，也绝不轻易丢弃。

第三，要做到课堂教学中的"三位一体"，还必须想方设法创设多种教学情境，用以满足不同层次学生的发展需要。我们知道，没有任何一个学生天生便拒绝成长拒绝褒扬。只要教师能够在课堂上创设有效的问题情境，组织起合理有序的学习活动，让学生们自己去发现，去思考，去总结，学生们便能够在各自的理解能力的基础上，发现一些原本没能发现的问题，探究一些原本不甚明白的现象。这样，每个学生便都能够在课堂上找到自己的位置，也就能够发现自己的价值，体味自己的成长进步。

当这三点能够成为大多数教师课堂上的共性表现时，又能有多少孩子还会拒绝在这样的课堂上发展自我，享受成长，享受生命的快乐呢？

不一样的课堂结构

理想的语文课，应该兼具"宽度""温度"和"深度"。其中，宽度，指向具体的课时目标，即"教什么"；温度，指向课堂的活动安排，即"怎样教"；深度，指向课堂的拓展延伸，即"为什么要教"。有了这"三度"，"知识在场""技能在场""生命在场"的教学目标，才能被落实到位。

从语文教学的课堂结构而言，语文课的"宽度""温度"和"深度"，必然建立在对文本编者意义、作者意义、读者意义的有效落实之中。编者意义，影响着一篇课文的具体教学目标；作者意义，制约着一篇课文的意义阐释；读者意义，决定着一篇课文的具体教法与学法，裁定着每一节课的得失成败。要在一节课中将这三方面的意义落实到位，就必须设计出精当的教学流程，形成有效的课堂结构范式。

从编者意义落实的角度而言，当我们面对任意一篇课文时，首先应该思考的问题是——为什么偏偏是它？古今中外的文章浩如烟海，教材的编者唯独选择了它，当然是因为它最能承载编者心中的知识、技能与生命。这样的体现，既受文本本身内容的限定，又受教材内在知识体系与技能训练体系的制约，还受学生生命成长需要的制约。这些因素，要求我们的教学，必须走进课文的内核，准确把握课文的教学"宽度"。我以为，要完成此方面内容的教学，"走进文本"是关键。

从作者意义探究的角度而言，语文课的教学重心，应落在"对话"上。

语文课要拒绝简单的作者简介，代之以深度对话的"走进作者"。唯有引领学生，借助"对话"走进了作者的灵魂深处，学生才能真正领悟作者的思想情感，也才能真正深刻地走进文本内核。

从读者意义拓展的角度而言，语文课教学时，要想让学生更丰富更深刻地理解课文，教师既要引导学生走进文本内核，又要引领学生走出文本，走进生活，走进文化，最终走进心灵。唯有将学生的生活体验、文化感悟和课文内容结合起来，和作者思想情感结合起来，学生才能从课文中既收获了知识、养成了能力，又滋润了生命。

归总上述三方面的教学环节，也就形成了一种全新的课堂结构形式："五走进"语文教学模式。具体而言，即"走进文本、走进作者、走进生活、走进文化、走进心灵"。这五个环节，既各自独立，又互为关照。常态化教学中，一般不打乱既有的顺序，但可以根据教学内容和具体学情的需要，省略掉后四个环节中的某些程序。比如，文学类文本的教学，可能五个环节同时存在；实用类文本的教学，则可能无需关注作者的创作意图，也无需生拉硬拽地进行态度与价值观的教育。

一、走进文本

走进文本，是课堂教学的重中之重。该教学环节，占据课堂教学的绝大多数时间。一节课的好坏，取决于教师引领学生进入文本的深浅度。

走进文本的主体，是学生，不是教师。教师对文本的解读，需服务于学生的理解力和接受力。不能用教师的深度，取代学生的深度。更不能硬性灌输。

更为重要的是，走进文本并非全方位解读文本。无论是教师的深度，还是学生的深度，都必须服从于"课程"这一根本。《林黛玉进贾府》这样的文本，如果每一个细节都引领学生走进去，则一个月大约只能上这一篇课文。事实上，文本中的大量内容，教师并不需要教，学生也并不需要学。真正需要走进的内容,或许只是文本所有内容的十分之一,甚至百分之一。而且,《林黛玉进贾府》这一文本在教材中所属的单元不同,需要走进的内容便不同。面对的学生不同,需要走进的内容也不同。教初中生学习该文本,和教高中生学习该文本,必然存在教学内容上的差异。

在确立了需要"走进"的内容之后,方法反而变得简单了。走进文本的路径只有一条,那就是对话。只有在课堂上让学生反复阅读文本,不断地同文本中的人物对话,同作者对话,同作品对话,同教材编者对话,才能一步步走进文本的内核,感知文本的真实意义。如果没有对话,只有教师的言说和学生的倾听,便只能是"走近文本",不能"走进文本",更不能"走进文本内核"。

走进文本不是一个简单的教学环节。走进文本至少需要经过"初读感知""细读赏析""研读探究"三个步骤。相当数量的文本,还要借助一定量的拓展性资料,与文本形成对比或映衬。

1. 初读文本,整体感知

该过程侧重解决两大问题:第一,了解学生通过自主学习已经解决的问题;第二,了解学生在自主学习中形成的困惑,为课堂教学确定最贴近学情的教学内容。其中,第一个问题不能停留在浅层次的"写了什么"层面,而是要覆盖到基础知识积累、基本技能提炼、语言感悟、关键内容赏析等多个层面。第二个问题不能脱离课时学习目标随意延伸,所有的困惑必须来自该文本学习中应该关注的内容。

比如,学习《祝福》这样的长课文,如果没有整体感知,便无法将前后内容贯穿去理解人物。教学中,需要先立足于初读文本所形成的整体性感悟,对作品中的人物、情节、环境作一大框架的了解。如此,才能为后面的细节探究打好基础。

仅从人物形象认知这一点而言,初读感知《祝福》时,就可以先给各类人物进行身份定位,再将定位后的人物进行归类,最后将归类后的人物与初中时学习过的《故乡》中的闰土、杨二嫂、"我"进行比较分析，寻找其中的共同点。做到了这些，初读中收获的信息，便远远超过了"写了什么"。

2. 细读文本，强化重点

任何一个文本，都只是课程体系中的一个有机构成。故而每一个文本承载的学习目标，都只是整个课程目标体系中的一个极为有限的小的单元。课堂教学，就是要紧扣这样的学习目标，有选择地细读某些内容，集中力量强化训练一两个重点知识。比如，《林黛玉进贾府》这篇课文中，最具教学价值的内容，无外乎"人物形象刻画""线索的设置与运用""环境描写与人物塑造的关系"三大块。这三点，就应成为细读的重点。至于文本中的其他内容，便可不作探究。

3. 研读文本，突破难点

对于具有较大的阅读障碍，又属于必须掌握的学习内容的那部分问题，需作进一步探究。该探究过程，可以紧扣文本语言来分析挖掘，也可以利用一些辅助材料对比或映衬。比如，执教《荷塘月色》时，可引导学生思考，作者为什么要写江南；教学《金岳霖先生》时，可组织学生探究为什么要写闻一多骂蒋介石；教学《沁园春·长沙》时，可启发学生关注"怅寥廓"的情感与前面七句景物描写的关系。研读文本的价值，在于更好地落实学习目标，绝不能脱离了目标，过多纠缠于非当下学习需要的问题。

二、走进作者

不知从何时起，课堂教学环节中，有了"作者简介"这个步骤。很多老师，介绍作者总是依照"名、时、地、评、作"这五字真经，在各节起始课的导入阶段，便迫不及待地将这些老陈货搬弄出来，传家宝一般精心传授给学生。这样的介绍和文本的学习以及教学目标的贯彻大体毫无关联，属于

"经典性"的课堂败笔。

研读文本当然需要研读作者，文本研读中的作者研究，绝不是户口本上那些内容的简单罗列，而是对作者生命情怀的独特观照。所以，真正意义上的作者介绍，必须读出文字背后隐藏着的作者这个"人"，必须引领学生走进作者创作该文本时的特定心境之中，尽量弄明白作者为什么要写这样的内容，又为什么要这样写。

走进作者，需注意两方面的问题：

1. 读出立体的作者形象

要在文本中读出立体的作者形象，既需要紧扣文本推敲词句，又需要跳出文本，在更广阔的社会文化背景下感受作者的所作所为。

例如，《指南录后序》这篇课文，连用了22个"死"字，连同那和"死"紧密关联的种种危险与绝境，不但成功描绘出文天祥的形单影只、狼狈不堪、左冲右突，更塑造出一个顶天立地的英雄形象。这个英雄，向来被史家看作忠君爱国的典范。

然而，文天祥真的会愚昧到对一个无法挽救的小朝廷效死尽忠的程度吗？倘若他只是一个没有独特思想的愚忠之人，又为何不在第一次受辱时便以死明志？

要明白这些，就必须走进作者，同作者对话，同特定的历史文化对话。只有在对话中，理解了以下信息，才能真正读懂《指南录后序》，真正理解文天祥。

首先，文天祥是从不畏惧死亡的。在儒家文化的长期熏陶下，他早已将舍生取义的理念和身体内流淌的血液融为一体。当于赣州毁家纾难、起兵勤王的第一天，他就将一个文弱书生所能付出的一切交给了风雨飘摇的局势。他是熟读司马迁"人固有一死，或重于泰山，或轻于鸿毛"成长起来的，他清楚地知晓，死亡，其实也是儒生实现人生不朽目标的一条路径，只要这死亡，是为了国家民族的大义，只要这死亡，是公众意识中的"死得其所"。

其次，文天祥不能死。他必须活着，为了大宋的安危而活，为了书生的"兼济天下"的宏愿而活，为了他心灵深处的那种"九死而尤不悔"的人生追求而活。这样的责任与使命，成了他肩头和心头都无法放下的一副重担，这重担压迫得他连选择死亡的权力都无法拥有。所以，他只能抓住一切的机会奔逃，即使这样的奔逃，在很大程度上令他感受到了一种苟活的羞辱。

其三，以文天祥的聪明才智，他当然知晓，国势的衰败已成定局，力量过于悬殊的对垒，已提前将故事的结局写在了史册之上。他明知自己的一切努力，都不会阻挡蒙古大军势如破竹的攻势，都不会挽救偏安一隅醉生梦死的南宋小朝廷。但他还是要用自己的力量去做这最后的挣扎，这挣扎的背后，应该已经丧失了那种狭隘意义上对一个具体王朝的效忠，而是在更广阔的文化思想空间上，效忠于自身追随了几十年的人生信念，效忠于骨子深处浇铸的那份儒家知其不可为而为之的执着精神。正是这样的精神，为文天祥在层层黑暗中劈出一道狭长的光亮，让他得以在逃生路上依旧坚持着完成了这不朽的《指南录》。

对学生的健康成长而言，将文天祥的忠诚，升华至对人生信念的忠诚的高度，具有极大的教育意义。这样的"走进作者"，关注的重心是"人"的言行的心理基础。借助这样的研读，学生便能够明白，古今中外历史上的所有忠臣良将，其忠于的其实都是自己的良心。将这样的结论推广到学生未来的人生中，便可以发现，无论他们将来如何生活，他们的人生观与价值观，都是决定其一切行动的根本。人生观与价值观的崇高或藐小，也就决定着人生的成就与高度。

2. 避免把作者脸谱化

课堂教学实践中，读出文字背后隐藏着的作者这个"人"，还存在着一个不得不探究的问题——将"人"误作为特定的身份标签。

语文教学中，常常会犯将作者视作标签的错误。比如，在对鲁迅、毛泽东等众多杰出人物的认知上，就常常会忘记了他们都是具有七情六欲的

"人"，而只将其当作思想与主义的象征。这样的认知错位，体现到对他们的文章解读中，就是将他们的每一句话都视作亘古不变的绝对真理，极少从人情人性之美的角度来鉴赏他们的文字。正是这样的人为拔高，最终招致了学生对此类型作者的文章的本能拒绝。

三、走进生活

所谓的"走进生活"，并非要求学生脱离文本的具体内容而空谈当下生活，而是要打通当下生活与文本中呈现的生活间的关联点，在教学活动中创设有效的问题情境，引导学生以当下生活为参照，推知作品中人物的行为与情感。

"走进生活"的关键，是宏观的课程目标和具体的课时学习目标。生活无边无际，一旦没有了具体的目标作引导，"走进生活"也就成了放野马式的散漫联系。学习活动中，教师要善于引领学生紧扣目标建立关联，也要善于修正关联中出现的偏差，掌控好学生的思维路径。

走进生活，可采用下述三种方法：

精选事例，类比分析。此方法的重点，在于用生活中的典型事例，帮助学生理解文本中的疑难点。

互文性阅读，打通情感。此方法的重心，落在学生的情感体验之上。即用生活中的精短文字，作为课文的互释性材料，这样既帮助学生更好地感知课文中的情感，也用课文中的情感滋养学生的心灵。

运用文本经验，认知客观生活。此方法的着眼点，在于以课文中传递出的知识经验作为解决问题的钥匙，引导学生利用此类知识，解决生活中遭遇的各种问题。

四、走进文化

"走进文化"中的"文化",是来自文本的文化,而非脱离文本的随意拓展。任何一篇课文中,都蕴藏着一定量的文化元素。这些文本,或承载了传统的农耕文明的数千年思想积淀,或传递着来自工业文明、信息文明的现代化思考,或彰显着不同地域、不同信仰背景下的人类普世价值。阅读文本时,在对文本中相关的语文元素进行充分探究的基础上,语文教师应尽可能引导学生,对隐藏在文本中的文化元素、文化现象进行挖掘。这样的挖掘,不是故作高深,而是滋润生命。生命的成长离不开文化。语文课,应该担起这样的重任。

走进文化,属于教学的拓展环节。此版块的教学用时,不宜过多。受多种因素的制约,教师可舍弃启发与对话,直接针对文本中的文化元素展开分析阐释,将课堂的思维活动,拉到需要学生跳起来才能摸到的高度。当然,如果课时较多,也可以通过精心预设的问题串,带领学生一步步走向文本的文化内核之中。

走进文化可采用下述三种方法:

以文本相关信息为起点,向思维的纵深发展。比如,教学杨绛的《老王》时,抓住文本中的"愧怍",逐层深入地挖掘其中隐藏着的知识分子的自我反省;再如,教学汪曾祺的《金岳霖先生》时,抓住"西南联大有很多有趣的教授"这一信息深挖,帮助学生理解文本背后隐藏着的民国知识分子的率真个性,进而了解知识分子应有的品质。

借助适当的拓展材料,在比较中获取文化信息。比如,教学感性化文本时,可引入理论阐述的材料,以理论的提炼,加深对感性材料的深入理解。教学理性化文本时,则又可以引入感性的材料,用具体的事例验证理论。当然,也可以选用类似文本,借助互文性阅读,从更高层面上加深对文本内容的理解,获取更为丰富的文化信息。

由教师对文本材料作深度解读,直接告知学生相关信息。不用担心学生不理解,很多时候,直接告知的内容,就如同一粒种子,种下了,总会有发芽生长的那一天。

五、走进心灵

与前四种类型的"走进"不同,走进心灵,指向学习的结果。

走进心灵,追求的是学生的"心动"。这个"心动",既可体现为感受到了语文之美,也可体现为接受情感的熏陶、获取哲理的启迪、感悟生命的价值意义等。但是,无论是何种形式、何种内容的心动,都必须是建立在深度思考基础之上的情感共振,不可用简单的煽情来收获廉价的瞬间感动,更不能用假大空的话语来诉说灵魂缺位的虚妄。

走进心灵,并无固定的方法,一般而言,需注意下面两点:

依文本选内容,顺势而为。走进心灵,并非一成不变的教学模式。其存在与否,由教学内容决定。文本指向哲思,便引领学生走进思想的深度,使灵魂收获丰盈与震撼;文本指向情感,则引领学生透过表象,探究情感形成与维系的丰厚内涵,为学生种植有益的情思之种。

讲练结合,力求真实表达。"走进心灵"这一环节,在实际教学活动中,既可借助写作训练而完成,也可借助诵读而完成,还可以借助教师的抒情性表述而完成。很多名师在展示课的结尾处,善于组织一段既深情又含蓄的话语作为结束语。撇开表演的成分不看,这样的话语,其实也可以看作是"走进心灵"的一种可取的方法。

角色扮演，谁说了算

一节语文课，就是一场演出。

语文课的舞台上，角色众多。既有课文中的一干人等，又有课堂中的教师与学生，还有隐藏在课堂之外的三教九流。

"剧本"早已选定，无论是否喜欢，都必须上演。问题只在于，谁来担纲主角。

看似早有定论的事儿，落实到现实的语文教学中，却成了难解的结——倘若将学生视作当然的主角，则拥有着"平等中的首席"身份的教师，自然应该成为"主角中的首席"；假如只将教师视作"导演"，则其在课堂上的一切活动，便又全然丧失了合理性。

或许正因为此种症结的客观存在，才使得现实的语文教学，充满了角色定位的不确定性。有些语文教师，理直气壮地担当起课堂上的唯一角色，让所有的学生都成了听众；有的语文教师，占据绝对的主角地位，只在需要某些活动作点缀时，才偶尔邀请少量学生充当临时演员；有些语文教师，看似课堂的"导演"，却一味跟着学生的阅读体验推进"剧情"，将既定的"剧本"丢到了九霄云外；有些语文教师，将自己装扮成了茶馆中的小二，只做些"端茶倒水"的活儿，听任学生在课堂上云山雾绕地神侃……凡此种种，均属于未能理顺语文教学中的角色区分问题。

理性的语文教学中，角色区分具有哪些特征，又应该注意哪些问题呢？

一、内容：角色区分的物质基础

理性的语文教学，不应该存在永恒的主角。所有的角色，均应依照内容而定。

教学经典性文学文本时，学生的既有知识经验，多不足以客观且全面地感知文本的深刻意蕴。此处的语文教学，便需要以教师为第一主角，学生为第二主角。教师要善于利用自身的知识积淀，一方面准确阐释文本的丰富意义，另一方面带动学生一步步走进特定的教学情境中，通过师生间的合作交流，共同抵达文本的认知高度。切不可死守"合作探究"的理念，听任学生在文本浅层意义的理解上做平面滑行。须知，"三个臭皮匠，赛过诸葛亮"不过是一种想当然。人多可以力量大，却未必智慧高。

教学非经典性的浅文本、短文本时，必须以学生为第一主角，教师为配角。教科书中的浅文本、短文本，多被编者安放在经典性文本之后，用以强化训练经典性文本中学得或习得的相关知识与技能。由于教师已经在经典性文本的教学中，将相关的知识技能传递给学生，面对这些浅文本、短文本时，便无需再次告知，而是应该把学习的主动权交还学生，让他们运用此前获取的知识技能，解决当下的学习问题。教师需要做的，只是在某些关节点上，以配角身份出现，协助主角共同推动课堂朝理性方向发展。当然，教师也可以故意制造一点小波澜、小矛盾，为主角设置一定的思维障碍，促使其在更广阔的思维空间中探究问题。

开展口语交际活动时，学生为主角，教师为导演。教师必须在备课时，充分预设活动过程中的各种问题情境，巧妙安排活动流程，并依照这样的预设组织起具体的课堂活动。有些教师，出于培养学生能力的良好心愿，把此种预设行为也放手交给学生去做，其结果往往是，课堂上虽也组织起内容丰富、形式多样的对话交流，但缺乏对训练目标和具体学情的有效关注，致使整节课的训练缺乏思维的梯度，热闹有余而能力培养不足。

进行写作训练时，学生为主角，教师为助理。写作训练中的最大误区，在于教师习惯于用成人思维来统辖学生的思维。在教师的强势"指导"下，大多数学生一点点地丧失了"说真话、写真事、抒真情"的能力，只会堆叠一些似是而非的名家名言，说一些华而不实、逻辑缺乏的"人生哲理"。这样的写作，与灵魂和生命无关。真正意义的写作，需要的只是学生这一个体对生活、生命的个性化感悟。这样的写作，以体验为基础，以人情人性为抓手，尊重认知的差异，尊重写作能力的差异，不以同一把尺子丈量不同性格、不同理解力的学生。要达成这样的目标，教师唯一需要做的，就是帮助学生扫清各种疑虑，让他们在作文本上自由地挥洒青春的激情或困惑。

二、目标：角色区分的行动指南

理论上而言，在教学内容相同的情况下，教师的角色定位应基本相同。然而，受课程意识、教学情怀以及个体学养等多方面因素的影响，一部分语文同仁，并不能准确界定自身的角色，亦不能准确定位每篇课文、每节课的学习目标，于是角色错位便成了司空见惯的现象。

事实上，语文课的学习目标对于教师在教学中的角色定位具有行动指南的作用。有什么样的目标，便会有什么样的行动。比如，只以知识传授为目标，教师便无需在课堂上组织形式多样的活动，只需将自己视作唯一的演出者。而以生命的发展需要为目标，则必须想方设法培养其多方面的能力，必须让学生成为课堂的真正主角。

现实的教育情境中，语文教学的目标，多被功利性需要挟持。倘若执教的是一节示范课，则授课者无论在 PPT 上展示的教学目标如何准确精致，潜意识中大多还是无法挣脱展示自身教学才华的功利性心态的约束。倘若执教的是一节家常课，则又多只关注教学任务的完成和考点知识的落实，极少从学生的成长需要出发，精心构设一节课的活动流程。

教学当然无法完全脱离功利性。只是，教学的功利性，应着眼于学生，而非教师自身。一切以呈现教师的丰富学养和个体魅力为着眼点的语文教学，课堂固然无限精彩，但主角都只是教师。唯有结合了具体的教学内容，致力于学生学习能力的激发和养成的语文教学，才是符合需要的角色区分之道。

理解了上述道理，便可以发现，要想准确区分教师的课堂角色，先要精准地界定语文教学的目标。这目标，无论分解为哪几点具体的条文，万变不离其宗的，是学生的成长需要。将此观点换一种形象化的说法，可作这样的比喻：学生的成长需要的是太阳，教师、课堂、课文是围绕这个太阳运转的行星。每颗行星都有自己的运转轨迹，却又都不能脱离太阳这一核心。

仅从教师的课堂角色区分这一视角而言，语文教学的目标，该具有一些什么样的特征？下述三点，必不可少。

以能力培养为基础。学生在课堂上获取能力的路径无外乎三条：教师的直接告知，教师的示范引领，学生的学得与习得。三者中，前两条容易出现误差。教师直接告知时，容易将能力培养混同于知识识记；教师示范引领时，容易将能力培养偷换为才华展示。要避免这样的误差，唯一可行的，就是认清自身的角色。直接告知时，教师是第一主角，学生是第二主角，二者需要通过对话来实现能力培养的需求。示范引领时，学生是第一主角，教师是技术指导。教师只是借助自身的示范，促使学生更好地感悟相关问题，使其拥有独立实践的能力；不是用自己的示范代替了学生的实践。

以生命滋养为价值诉求。滋养无法速成，必须借助一篇篇具体的课文、一节节具体的课堂实现。在此过程中，教师能做的，只能是引领、开启与守望。引领时，教师的角色是技术指导；开启时，教师的角色是导演；守望时，教师的角色是"平等中的首席"，是与学生共同成长的主角之一，亦是坐在舞台下鼓掌的观众。

以当下需要和终身发展需要的有机结合为根本任务。语文教学中的当下需要绕不过考试这道关卡。终身发展需要却又必须冲破考试这道关卡，步入生命滋养的大道。此种看似矛盾的两大需求，要想在有限的课堂上"和平共处",甚至彼此吸纳,关键点依旧在于教师的角色区分。语文教师只有在既有的教学框架内,依照教学内容和教学目标的差异,合理界定自身的角色,方能在该扮主角时扮主角,该做导演时做导演。只以一种身份出现,便永远无法实现两种需要的有机交融。

此三点,针对所有学生的语文学习而确立。至于在语文学习上具有良好发展潜质的学生,则还可以为其量身定做个性化的成长目标,用以满足其更高层级的发展需求。

三、课堂:角色区分的最佳抓手

一切的教学理念,都需在课堂上实践;一切的角色区分,都将在课堂上呈现。

有教师提出,我的课堂我做主。持有此种观点的教师,主角意识过强,忘记了课堂的主人原本是学生。教师在课堂上其实是无法做主的,每一节课的设计与活动,既要受体系化的课时目标的制约,又要受具体学情的限制,还要受课文属性的影响。教师的责任仅只是引领着学生,借助各种类型的课文的学习,全方位提升学习能力,系统化服务各种成长需要。

课堂上,教师该如何区分自己的角色呢?

学习中,导入任意一篇新课文时,教师是导游。优秀的教师总能迅速激活学生的学习热情,同时自然流畅地完成导入与新授的无痕连接;平庸的教师,要么生搬硬套他人的解说词,要么放着风景优美的路线不去行走,偏偏引导学生在全无风景的荒山野岭中攀爬。

引导学生初读文本时,教师是伙伴。伙伴的价值在于倾听。此环节的教学活动中,教师的主要任务是引导学生说出各自的阅读感受,列出各自的阅读困惑。无论是已经读懂的,还是未曾理解的,教师都不要急于发表自己的观点。

细读文本时,教师是平等中的首席。平等,凸显的是对话中的相同地位；首席，指向的是关键处的点拨与评价。教师在引导学生细读文本时，为了避免文本阅读的肤浅化和合作探究的浅层次，需要在每一个节点上，充分发挥首席的点拨与评价功能，不断修正问题探究的方向，不断拓展问题探究的宽度与深度。当然，此处的点拨与评价，都仅只局限在修正与拓展两种行为上，无关问题的具体答案。教师切不可超越了学生的理解力而预设问题，亦不可用自己的分析阐释替代了学生的自主探究。

拓展延伸时，教师是第一主角。课堂要走向思维的深度和宽度，离不开适度的拓展延伸。拓展延伸的内容，少部分来自课堂上的临时生成，可遇而不可求；绝大多数需要教师预设。课堂上，这样的预设大多属于跳起来才能摘下的果实。其中还有极少量的内容，如魔术师手中的游戏，教师不揭开谜底，学生便无法明白。面对这部分学习内容，教师必须唱好主角的戏，引领学生走向思维的应有高度。

练习巩固时，教师是助手。课堂练习的价值在于归纳提炼，实现由知识向能力的转移。此教学环节中，习得是关键。习得的主体当然是学生。哪怕学生因为课堂注意力分散而未能及时完成这用以习得的课堂练习，教师也只能帮助他梳理知识信息，整理解题思路，不能直接告知练习的过程与答案。

上述五种类型的角色，适用于常态化的讲读课文的教学。如果面对的是自读课文，则各环节的角色区分又将出现较大的变化。因为自读课的教学以学生思考发现、合作探究为主。教师只需做好助手和平等中的首席，就足以履行自读课教学中的应尽职责。自读课文的教学中，教师扮演的角色越多，学生"自读"的成分便越少。

四、生命：角色区分的终极价值

语文，是多种生命的聚合体。语文中的生命，最重要的是成长中的学生。其次是在课堂上担纲多种角色的教师。此外，还有课文的作者，教材的编者，以及课文中的各种生命。语文教学中的角色区分，其实就是这些生命在课堂上的存在形态的区分。

学生与教师，课堂上的生命存在形态始终属于动态。其他的生命，则全部以静态的形式隐藏在文字的背后。要让这些蛰伏着的、静态的生命，转化为活跃着的、动态的生命的能力生成点和精神营养剂，离不开教师的引领、激活、点拨与开启。教师的角色区分适宜，学生的生命存在形态便是积极的、主动的、开放的、创造性的；教师的角色区分失当，学生的生命存在形态便是消极的、被动的、封闭的、无活力的。

只以考试为目的的语文教学中，教师无需扮演多种角色。所以，绝大多数的复习课、试卷分析课上，教师全程表演独角戏，集编剧、导演、演员于一身。至于学生，仅只被视作一个接纳各种信息的容器。即使是新授课的教学，也因为目标的单一化、能力培养的狭隘化，致使课堂活动仅只需要应试知识和解题能力的在场。这类新授课，与复习课并无多少区分。教师依旧占据着课堂的绝对主角的位置。

致力于生命滋养、灵魂雕塑，以及多方面能力的综合养成的现代语文教育，其终极目标在于满足人的终身发展的需要。对于任何一个个体生命而言，此种终身发展需要，绝非识记某种静态化的知识，亦非掌握某种机械的应试技能，而是要养成会阅读、懂鉴赏、能写作、善思考的学习能力，确立乐观、包容、进取、博爱的人生情怀。要实现这样的目标，最低程度上，教师也要先保证课堂上的自身"生命在场"。也就是说，语文教师无论在课堂上扮演何种角色，都需要怀揣了对"生命"的敬畏，认认真真地开展教学活动。教师的生命在场，才能激活课文中的所有生命，才能将学生的生命体验纳入课堂教学活动中，让学生用心灵感悟心灵，用生命体察生命。

而从更高程度的生命发展需要而言，语文教师课堂教学的最重要任务，不在于传授了多少知识，训练了哪些技能，传递了哪些道理，传承了何种文化，而在于激活了多少灵魂，唤醒了多少生命，培育了何种情怀，养成了何种习惯。此两方面内容，前者关注的只是教师做了什么，后者关注的则是学生获取了什么。课堂教学中，教师传递出的信息量如果为10，不代表学生接收到的也是10。生命缺位的语文教学，教师教了10，学生接收到的或许只有2或3；学生生命在场的语文教学，教师教了10，学生接收到的则或许是15或20。

基于这样的思考，便可发现，语文教学的角色区分之所以需要因内容而异、因目标而异、因课堂活动流程而异，根本原因在于，唯有这样的变化，才能顺应学生的学习需要，才能将教师的教学植根于学生主体自我发展这一根本之上。也就是说，无论课堂上教师扮演着什么样的角色，这样的角色区分，都只是为了更好地服务于学生的学习需要和成长需要，而非服务于教师自身。教师的角色扮演越到位、越成功，越有利于激活与唤醒学生的生命，越有利于应有情怀、应有能力的养成。

归根结底，语文教学的所有精彩，最终都只属于学生。

给语文一把尺子

宽度、温度与深度，构成语文教学的鼎立三足。三者中，"宽度"指向每一篇课文、每一节课的目标定位和内容取舍；"温度"指向课堂中的流程设计、情境营造，以及有效问题的生成和预设；"深度"指向内容的拓展迁移和学生的思维活动。此语文教学"三足"，并非站立于同一主题平台之上。"宽度"的立足点是目标与内容，"温度"的立足点是情境与活动，"深度"的立足点是思维与最近发展区。

当下的语文教学，在宽度、温度与深度的营造上，普遍存在着目标定位相对随意、内容取舍无章可循、问题探究零散无序、情境创设脱离课程、拓展延伸喧宾夺主等病症。具体到一节课的教学中，往往体现为教学目标的设定偏离课文应该承担的学习任务，缺乏教学活动的指导性；教学内容的安排因教师个体学养、才情和偏好而随意，缺乏教学活动的体系性；问题设计无思维梯度，缺乏训练的科学性等。这样的不足，非但存在于普通教师的课堂上，而且存在于那些名扬全国的明星教师的课堂上。甚而至于，越是"声名显赫"的语文教师，存在的问题越多。因为但凡名师皆为个性激扬、不愿固守规范的人。其课堂的目标设置、内容取舍、问题设计、拓展迁移等，极少愿意接受既有的课程框架。

此种病症，无法从一节课的教学中进行观察。只有将每一篇课文的教学，都纳入三年甚至六年一贯制的知识体系和能力养成体系中，才能发现其中的症结。比如，同样是杨绛的《老王》，人教版将之收录于初中课文，苏教版将之收录于高中课文。完全相同的文字，但在目标定位、内容取舍、问题探究、情境创设等上都应该体现出明显的差异。用高中课文《老王》的教学设计执教初中课文《老王》，或者将初中课文《老王》的PPT直接复制到高中课文《老王》的课堂上，宽度、温度与深度上都一定存在问题。

一、宽度：在舍弃中建构完整

走进教材的每一篇课文，都必然包含着若干知识信息。这些知识信息，我们可以将其区分为三种类型。一是已然在过去的学段中学习过的知识信息，一是当下作为教学目标而应掌握的知识信息，一是未来某学段中将作为教学目标而学习的知识信息。此三类知识信息，虽同时存在于课文中，却只有第二类信息，才属于该篇课文在某个特定学段、特定单元、特定课时的核心学习任务。

此种分类中，"知识信息"并非恒量。同一篇课文，只有被教材编者置放于某个特定学段后，其"作为教学目标而应掌握的知识信息"才获得一个临时性的界定。一旦调整了该篇课文所处的学段位置，或者调整了该篇课文的单元位置，甚而至于将该篇课文由讲读课文而调整为自读课文，则其"作为教学目标而应掌握的知识信息"均应该随之出现变化。

比如，朱自清先生的散文《背影》，倘若将其分别编入小学四年级、初中二年级和高中二年级的课文中，则对此课文的教学，必然存在极大的差异。用作小学四年级课文时，教学的重心当落在识记、诵读与简单的分析理解之上，以培养学生的整体感悟能力和口语表达能力。用作初中二年级的课文时，教师执教的重点则该在借助典型细节塑造人物形象、抒发内心情感之上，用以培养学生的细节鉴赏能力和记叙文写作能力。用作高中二年级的课文时，其教学重难点又该转移为鉴赏与探究，用以培养学生的文本研读能力和个性化解读能力。这样的目标定位，其学理依据为学生的理解力。

这样的目标界定,便是在"丈量语文的宽度"。宽度决定了任意一篇文章,一旦成为了课文,便必然要在教学过程中,被教师有意识地舍弃其中的若干知识信息,以便集中力量,在有限的教学时间内,突破教学重难点,引导学生更好地理解和掌握"作为教学目标而应掌握的知识信息"。不用担心学生会错过了那些被舍弃的知识信息,此篇课文中该舍弃的,或许正是下一篇课文中该重点突破的。在三年甚至六年一贯制的语文教学体系中,唯有这样的舍弃,才能构建起完整的知识信息。

当下的语文教学中,普遍存在着教学内容"大而全"的问题。一篇课文,只要能想到的内容,都希望在课堂上传递给学生。这样的动机很善良,结果却有违教学规律。语文教师,只有懂得在教学中淡化过去学段中学习过的知识信息,舍弃未来某学段中将作为教学目标而学习的知识信息,才能确保当下所学知识信息的重要地位。

需要明白的是,一篇课文的教学"宽度"并不由语文教师自由确立。因为只有将每一篇课文的"宽度"连接起来,构成特定学段的完整知识体系,这样的"宽度"才是合理的。故而,最理想的教学"宽度",应由教材编写者依照选文和单元编排的相关属性进行体系化的预设。遗憾的是,多数教材都仅只具有宏观性的学习要求,极少针对每一篇具体的课文而设定明晰的教学目标。如此,"丈量语文的宽度"的工作,便只能由语文教师完成。优秀的语文教师,必须在日常教学中确立起建构完整知识体系的课程意识,并以之引导自身的教学实践,才能实现教学中的取舍有度。一旦缺乏此方面的意识,则教学任意一篇课文时,目标设定和内容取舍便都只能是"跟着感觉走"。

二、温度:用问题与活动激活思维

如果说"宽度"是一张精心设计的图纸,则"温度"便是将这图纸转换为实实在在的建筑的施工过程。唯有高水准的施工,才能将图纸上的精彩,转化为建筑的精彩。

"温度"的着眼点，是课堂中的流程设计、情境营造，以及有效问题的生成和预设。"温度"的目的在于激活、唤醒主动学习的意识，让学生真正成为学习过程中的自主思考者、主动发现者和积极践行者。有"温度"的语文教学，就是要通过教师的精心设计，让每一名愿意学习的学生都在课堂上积极地思考起来。"温度"的本质是学生思维的活跃性。当然，此处所说的思维的活跃性，只能指向既定"宽度"内的知识信息，不能超越于特定的学习目标。

营造课堂"温度"的方法很多，最根本也最常见的是"问题"。语文教学中的"问题"，既需要关注教学中的疑难点，也需要关注课文中那些看似平淡无奇的内容。从学生以为没有阅读障碍的内容中发掘出不得不思考的"问题"，是引领思维走向深入的最佳抓手。

教学实践中，这样的场景几乎随处可见：当教师要求学生阅读课文，并提出阅读困惑时，一部分学生往往表示没有困惑。因为文字都已认识，意义也大体读得明白。然而，教师随便提出一个问题，学生又无法回答出来。学生的此种"阅读"，思维严重缺位，全无丁点的"温度"。营造课堂的"温度"，就是要以"问题"促使学生的大脑运转起来。大脑转得越快，则课文的"温度"越高。

语文教学中，仅只依靠学生的自主发现而生成的"问题"少而又少。更重要的是，这些"问题"绝大多数超越于"宽度"之外，不具备教学价值。更多的"问题"依赖于教师的预设。这些由教师预设的"问题"，既可以来自对学生预习中生成的困惑的有效筛选，也可以来自既往的课堂上的"灵光一闪"，但更多来自"宽度"的需要，来自激活、唤醒主动学习的意识的需要。

营造课堂"温度"的另一重要方法是"活动"。语文教学中的活动有两种类型。其一为外显性的合作探究、对话、辩论、模拟演出等形式，其二为内隐性的静读冥思、涵泳咀嚼。这两种形式都需要思维的高度活跃。差别只在于——前者热烈，观赏性强；后者沉静，暗流涌动。

"活动"有利于将静态的知识转化为动态的能力，但是，"活动"也容易脱离了应有的"宽度"，致使学生只是凭借已有的生活积淀参与其中，并未形成对需要学习的内容的深层次的理解。因此，语文教学中组织各种形式的活动时，需先确立好该项活动的"宽度"，并据此预设好引领思维走向深入的梯度化活动流程，才能让此种活动真正营造出应有的课堂温度。从这一点而言，静读冥思、涵泳咀嚼型的"活动"，更有利于落实语文教学的"宽度"。外显性的"活动"则容易出现"热闹有余、思维不足"的缺憾。辨析外显性"活动"是否符合"宽度"的方法，就是看学生的活动是否受本课时学习内容的影响。比如，相当数量的公开课上，教师喜欢打亲情牌，以步步深入的启迪诱导，引发学生说出生活中的某个动情故事，直至学生在课堂上泣不成声。这样的活动，看似很有温度，实则多与"宽度"无关。

三、深度：唤醒生命的潜在能量

有一句话浪漫而诗意：无限相信学生的理解力和创造力。

将这句话用到语文学习的深度拓展中，既有积极意义，也有消极影响。其积极的一面在于，激励语文教师充分挖掘教材的多方面育人功能，让教材最大限度地服务于学生的成长需要。其消极的一面则在于，拓展迁移的内容，极容易超越了应有的教学"宽度"，把"未来某学段中将作为教学目标而学习的知识信息"过分前移到了当下的教学活动中。这样的超前性学习，对少部分学有余力的学生而言，是一种幸运。对大多数学生来说，则属于揠苗助长。

语文教学中的"深度"，当然不以超越了大多数学生认知能力的知识信息为追求目标。事实上，语文教学中的"深度"，并不指向语文基础知识的复杂深奥，而是指向批判性思维能力的"最大化"。"深度"的本质，是借助文本细读和必要的拓展延伸，读出课文中隐藏着的不为常人所知的更多的秘密,借此拓宽学生的思维路径,丰富学生的情感体验,使之养成独立思考、多元思考、大胆质疑小心求证的学习品质。

拓展语文"深度"的方法,依旧离不开"问题"。"深度"拓展中的"问题",更加注重梯度性。一般情况下,此类型的"问题"应该环环相扣,以"问题串"的方式呈现。"问题串"需从学生的已知经验出发,在"宽度"划定的未知空间做纵深发掘。"问题串"的最终指向是思维能力的"最大化"。

有些课文,自身的内涵不够丰厚。教学此类课文时,"问题"无法从课文本身形成。有经验的教师,便善于将相关文本引入课堂,借其他文本中的相关信息,丰富课堂的思想容量。这样的拓展延伸被学界称为"互文性阅读"。"互文性阅读"是拓展语文的深度的重要手段。

经典性的课文,本身就是内涵无限丰富的矿藏。教学此类课文时,便无需再引入大量的"互文性阅读"文本。教师应该做的就是引领学生在文本细读上做好功课,借助有效的"问题",探究文本的丰厚意蕴。

只有考纲考点和解题技巧的语文课,与"深度"无关。"深度"是思维的"深度",是由思维的纵深发展而抵达文本内核的意义感知与觉解。"深度"的价值不在于彰显教师的学养,而在于拓展学生的思维空间和生命空间。所以"深度"的本质是思考,不是知识。

当下的语文教学,很多的课堂中"深度"缺位。教师与学生,都习惯于全盘接纳来自各类教辅资料的解读文字,不能也不会用自己的眼睛观察、用自己的思想分析来自课文的多种信息,更不敢对课文中的内容提出质疑和批判。这样的语文教学,培养不出独立思考的人,无法满足学生终身发展的需要。

需要再一次强调的是,语文教学中的"深度",是"宽度"范围内的深度。倘若一味追求思考的深刻性与思维的多元性,致使课堂活动脱离了应有的教学目标和教学内容,则这样的"深度"仅可偶尔为之,不能"习以为常"。当然,能够自主开发课程并在课程中形成完善的知识体系、能力体系以及思维训练体系的杰出教师,另当别论。

四、课堂：还原语文的课程属性

宽度、温度与深度，汇集到"课堂"之上，便形成了一种力量，推动着语文教学朝向丰厚、润泽、充满思维挑战的理性方向发展。这样的课堂中，"思考"是绝对的主角。围绕这个主角的是合理的目标定位、适宜的教学流程设计、指向明晰的"问题"、精心设计的活动、贴近学情的拓展迁移。课堂中的学生，则始终处于思维的活跃状态。无论是初读课文时的品味感悟、细读课文时的斟酌推敲，还是拓展迁移中的思维挑战、练习巩固中的举一反三，都必然建立在主动思考、积极探究的学习质态之上。

这样的课堂上，"读"是学习的基本方式。课堂上的"读"，既有个体的默读、自由诵读、定点研读，也有同伴间、师生间的质疑探究、互助合作。每一次读都预设了不同的思维梯度，都指向不同的能力训练点。读，关注对课文中有价值信息的捕捉与思考，亦关注着学生个体与文本对话的能力养成。

当下的课堂上，舍得花时间让学生静静阅读的语文教师少而又少。40或45分钟的一节课，用于阅读的时间，往往不超过5分钟。老师们总是寄希望于学生在课余时间已对课文进行了充分的预习，且不说这样的念头过于天真，就算学生真的把课文通读了两三遍，也还是会因为缺乏足够的阅读自觉，无法形成阅读中的思维梯度。

"读"是为了更好地"思"。课堂中的"思"，起于课文，又止于课文，中间却可以跨越万水千山。以"宽度""温度""深度"的有机交融为呈现形式的语文教学，"思"的起点，在于学生的原初阅读感悟。此时的"思"，既着眼于读"懂"了什么，又着眼于还有哪些内容没有读懂。"思"的终点，在于借助于这节课的学习而获取的知识、能力、经验，以及由此而生发出的更大的思维困惑和探究欲望。

课堂的全部张力，则存在于这中间过程的"思"。此过程中的"思"从主体看，少部分来自学生的自主发现，大部分来自教师的课前预设和课内生成。从内容看，少部分来自文字本身的阅读障碍，大部分来自细读中的感悟、拓展迁移中的认知经验。从形态看，少部分呈现为文本之外的迂回包抄，大部分呈现为紧扣文本的纵深发掘。从结果看，少部分能够达成一致性结论，大部分只能达成临时性共识，甚至无法达成共识。语文教学中，思并非为了寻找标准答案，而是为了用读者的个性去感悟作者的个性。

"行"是语文教学"三度"营造的落脚点。行，即行为、实践。课堂中的读与思，最终需要用具体的行动表现出来。这样的表现，无论是自主表达、同伴交流，还是书面展示，都必然建立在"听、说、读、写"等语文基本能力之上。注重"三度"营造的语文课堂上，每一节课，都应该有一定量的时间，供学生展示其阅读和思考的成果。这个过程不可或缺。

当每一节语文课，都遵守了"宽度"的制约，营造出了应有的"温度"，拓展出了适宜的"深度"之时，当读、思、行成为贯穿课堂全过程的核心教学行为之时，课堂，便有了自主的、独立的生命感悟，有了灵魂的润泽与丰盈。这样的课堂，才是真正的语文课堂。

有滋有味教语文

第二辑
应该知晓的语文教学技巧

语文应该如何备课

本节文字所探究的备课，特指建立在文本细读基础之上的个性化教学设计。"语文应该如何备课"在本章节中的意义，局限于语文教师如何利用自身的专业知识积淀，挖掘出文本中应有的教学价值，设计出既符合语文学科的课程建设需要又符合学生的成长需要的有效教学情境。此种定位，在于还原"备课"的应有属性，让语文教师的每一次备课，都成为与课程对话、与文本对话、与学情对话、与自身学养对话的综合性载体。

现实教学情境下，相当数量的语文教师，是不备课或者不常备课的。需要教学某篇课文时，要么拿起旧教案直接走上讲台，要么借助百度、搜狗的帮助，从网络上的若干种教学设计中，取一个看似优秀的方案，然后"照着葫芦画瓢"，心甘情愿地做他人思想的"实验员"。这样的"拿来主义"，既不关注语文课程，又不关注具体学情，同时还缺乏对文本的深度阅读，于人于己，都不构成有益的成长元素。

真正意义上的备课，就其本质而言，当为"备课程"。课程是什么？课程不是一篇篇课文、一册册教材，而是动态化的学习资源与学习质态。《后现代课程观》中，作者小威廉姆·E·多尔持有的"课程不再是跑道，而成为跑的过程自身"的观点，就很好地证明了"备课程"的必要性与合理性。"备课程"就是既要"备"教材，又要"备"学情，还要"备"学生利用教材而获取成长经验的路径与方法。这样的备课，必须呈现为一种动态，必须时刻关注教材编排方式的变化、学生成长需要的变化、学生群体个性心理的变化等教学元素。

明白了上述主张,再看语文应该如何备课,便会发现,备课其实很有学问。

一、钻研目标,让语文拥有体系

无论我们是否愿意承认或接受,语文学科,在一篇篇看似独立存在的课文的背后,都始终拥有着一个用以串联起这些课文的客观知识体系。宏观上而言,该体系包含了识记、理解、分析综合、鉴赏评价、表达应用、探究等六个能力层级,汇集了从字音字形至语法逻辑、从文本诵读至意蕴挖掘等多种语文知识或语文技能。微观上看,该体系落实于一篇篇具体的课文时,每一篇课文,都无需也无法全部呈现语文学科所有的知识与技能。一篇课文,仅只需要围绕文本最具代表性的某一两种知识或技能展开教学研究活动,即完成了一篇课文在一册教材中的课程使命。至于该课文中蕴藏着的其他知识与技能,都只是语文学科对于学生的额外恩赐。

厘清了此种认知思维之后,再看语文学科应该如何备课,便可以发现,备课,首先需要确立的便是"教什么"。

下面,我将以某期刊中《氓》教学实录的两则教学目标为例,探究语文备课中"教什么"的应有价值。这两节课,都是省级优质课一等奖。

案例一:

教学目标:

(1)通过"淇水"意象感知卫女情感历程,通过虚词"矣"体悟情感变化,感受语言之美。

(2)分析卫女形象,感受人物形象的文化意义和美学价值。

(3)培养坚强独立的人格,树立正确的爱情观。

案例二：

教学目标：

通过细读文本，结合对诗中人物形象的分析，挖掘诗歌的现实意义，实现经典的作用回归。

两节课使用的都是人教版教材，面对的都是同一年级的学生。理论上而言，其教学目标的确立，应该大体相同。事实上，两个目标，除了都关注了诗歌中的人物形象，便不再有相同之处。可以说，这两个教学目标，至少有一个没有能够从语文课程建设体系化的需要出发而组织课堂学习的主要内容。

两种教学目标设计中，后一个目标根本不具备指导性和操作性。这个目标，可以用于所有的古典诗歌的教学。因为学习任何一首古典诗歌，都离不开细读鉴赏，都离不开对诗歌中的形象的必要分析。备课中预设这样的目标，对具体的教学活动不会形成任何有价值的帮助。

前一个目标，内容便具体了很多。这个目标中的第一点，抓的是文本中具体的意象和具体的词汇，属于该诗歌的特有内容。目标中的第二点，标明了只分析"卫女"这一形象，而不是同时关注"卫女"和"氓"这两个形象，针对性也很强。这两点值得学习借鉴。

从语文学科课程体系化建设的角度而言，第一个目标中的"通过虚词'矣'体悟情感变化，感受语言之美"存在一定的问题。因为执教的是省级竞赛课，授课教师为了突破常规，体现出课堂教学的与众不同，便抓了这一个虚词。但这个虚词绝不是这篇课文最具教学价值的内容。日常备课时，语文教师面对《氓》这样的文本，最该关注的教学内容，应该是《诗经》特有的赋比兴的手法，是诗歌中用以概括生活经历的高度精准又高度形象的语言。这样的内容，才是《氓》充当中学教科书时应该承担的课程任务。

正在使用中的几套中学语文教科书，都只是利用单元说明的有限文字，对单元内课文的教学任务作一宏观性介绍，没有也无法为每一篇课文，确立具体的、符合知识体系建设要求的课时学习目标。但这不等于说，每一篇课文，都可以依顺语文教师的心愿而随心所欲地组织教学内容。备课的价值，就在于尽量从不同类型的课文中，挖掘出成体系的知识与能力训练点，然后利用教材中的相关内容，有目的地展开活动。唯有如此，学生的知识结构才能完整。反之，不关注目标设计的体系性，不关注文本教学价值的最大化，一味出奇招怪招，一味寻求教学内容的与众不同，则学生能够获取的知识，便容易出现偏差。

小结 »

备课时，目标设计要具体、可操作，要尽量抓住该文本最具教学价值的内容。同一单元内，不同课文的核心教学目标之间应互为补充，如此，一课一得，环环相扣，才能既保证每节课教学任务的具体性，又实现课程知识建设的体系化。

二、化静为动，让能力成为主角

近十年来，因为各种机缘，我有幸翻阅过十余所不同类型的学校的二百余位教师的备课笔记。借助网络，我更是浏览了数千篇不同风格、不同类型的教案。整体上的感受是，绝大多数的备课，都只停留在最简单的"备知识"层面。语文教学活动中更应该关注的能力、情怀与生命，则多只是写在教学目标中，未曾落实到具体的教学环节设计之上。

教学中需要传递给学生的相关知识，当然需要准备。但是，这样的准备，应更多储藏于教师的大脑中，而不是白纸黑字地写到教案上。更重要的是，语文教学中的若干静态化的知识，原本并非必须由教师在课堂上告知学生，而是应该作为课前预习的作业，安排学生借助各种资料或网络资源去自主获取。比如，对相关字词的音形义的掌握、作者及创作背景的了解、文本的常态化解读等，都完全可以安排学生自主完成。这样的安排，其实也是语文教学的一个重要环节。把学生能够自己做的事，交给学生自己去做，此种行为本身就是教学。

当语文教师的备课注意力从静态知识中转移出来时，其教学关注点才能落到能力、情怀与生命等更为重要的教育教学元素之上。此类元素落实的关键，并非教师在课堂上的直接告知，而是特定教学情境下的对话与探究，即利用备课中精心构设的若干问题，激活学生的思维，促使他们围绕着既定的课时目标有梯度地思考、讨论、质疑。

设计这类问题才是语文教师的备课重点。语文教学中的备课，就应该将重点落到"备问题"上。教师准备的问题有价值，学生的课堂思考与活动才有价值。而当学生思考和活动时，新旧知识才能融合起来，逻辑思维能力才能得到训练，口头表达能力也才能得到提高。

"备问题"中"问题"的质量，决定着一节课的质量，也体现着语文教师的职业素养。有经验且有良好职业素养的语文教师，其备课中精心构设的各类问题，既要来自自身对课文的反复咀嚼，又要来自对具体学情的准确掌握。教师要能准确预测学生自主学习中的认知障碍是什么，还要能大体判断出不同类型的学生对某些问题的不同认知形式和认知程度。不具备此种经验和素养的新语文教师，要完成此任务，则可采用布置预习作业的形式，从学生的预习作业中整理提炼。当然，新教师在整合来自学生的各种问题时，又牵连到课时目标的确立。用来教学的这些"问题"，要属于教学目标范围之内。但并非来自学生的阅读困惑，都必须被纳入教学活动中作为重点问题进行探究。

为了更好地强化相关能力，语文教师在备课时，还应该有意识地准备少量的"思维触发点"或"能力提升点"，要在层层铺垫的基础上，把问题的思考、能力的培养引向学生思维力的最高处。比如，适度打通文本和现实生活的有效关联，组织学生利用文本信息解读社会现象，或者利用社会现象推进文本相关意义的深度。如此，语文教学便走出了教材的束缚，走进了社会的大课堂中。在这样的大课堂中，能力训练可以拥有更多的抓手。

> **小结**
>
> 在教学目标已经确定的前提下，备课的重点，不是准备教的内容，而是准备教的方法和路径。教的内容是静态的，应该被储藏在教师的大脑中。教的方法和路径是动态的，要根据教学内容和具体学情而灵活设计。

三、双线并进，让活动贯穿课堂

"备知识"与"备问题"的根本性差异在于，"备知识"只是一种单向性的活动行为预设，"备问题"则属于多向性活动行为预设。"备问题"需同时从教师、学生、文本等方面展开思考，既考虑教师教什么、如何教，又考虑学生学什么、如何学。语文教师在"备问题"时，大脑中至少应该有教师教和学生学的两条线在同步向前推进。这两条线，重合处越多，课堂教学效率便越高；分离越多，课堂中的无效教学内容便越多。最差的语文课，便是教师的教与学生的学，构成两条互不相交的平行线。

两条线交汇的关键是课堂活动。语文教师备课，要有强烈的活动意识，要善于借助问题设计而生成课堂中的精彩互动。课堂活动应遵循有趣、有效的原则。有趣，即活动能体现语文学习的思考之趣、创造之趣；有效，即活动要有利于落实课时学习目标，有利于激活学生的思维，有利于将静态的知识转换为动态的能力，有利于打通学习内容和生活的关联。

备课中应该如何"备活动"呢？

首先，语文教师在预设活动时，需接受既定课时目标的制约。比如前面提到的《氓》的教学设计，既然人物形象分析是主要目标，则课堂中的活动便需要围绕该目标而创设。备课时，教师可以这样思考：学生对主人公卫女的形象认知，是否会存在差异？如果有差异，是否可以在课堂上组织一个两三分钟的小辩论？如果没有差异，又该预设一个什么样的问题，把学生的思维，由简单的感性的认知，提升到丰富的理性的层面？是否应该做一些资料拓展？如果拓展，该拓展一些什么样的资料？是再从《诗经》中找寻一首同类型诗歌进行类比式阅读，还是用一篇现代解读文字启迪学生的认知思维？拓展的时机、拓展内容的容量又该如何把握？会不会冲淡了文本的学习……有了这些思考，形成的课堂活动设计才有较强的针对性。

其次，"备活动"要关注学生的学习兴趣。关注不是迎合，而是引导。语文教师在备课时，要致力于对学情的分析，并依据分析所形成的结论设计课堂活动。在学生整体理解力较强、学习自觉性较强的班级中组织课堂活动，与在整体理解力较弱、自觉性较弱的班级中组织课堂活动，应准备不同的活动方案。前者，应突出活动中的思维挑战；后者，应突出活动中的发现与感悟。比如，同样是教学《春江花月夜》这篇课文，预设整体理解力较强、学习自觉性较强的班级的活动内容时，可以闻一多的评价为抓手，引导学生合作探究诗歌前半部分隐藏着的宇宙意识。预设整体理解力较弱、学习自觉性较弱的班级的活动内容时，则可借助音乐、朗诵、情景再现等方式，引导学生感知诗歌中的美。如果教师准备的活动，超出了学生的认知能力，则该活动必然无效。

第三，"备活动"需预设教师在活动中的角色。教师既不能代替学生充当活动的主角，也不能彻底隐身于活动之外，充当甩手掌柜。教师要在课堂活动中，既做好活动的组织者，又做好活动的参与者，要"有作为"而不"滥作为"，更不能"不作为"。比如，在组织学生以小组合作的方式探究文本中某段文字的隐含意义时，如果不能给学生留下充分思考的时间，便直接告知学生答案，便是滥作为。如果听任学生在浅层次意义上纠缠不清，教师却不作必要的点拨启迪，便是不作为。"有作为"对备课的要求，就是要预测好学生能够达到的理解高度，给学生合作探究预留下合理的时间；预设好教师出场的时机，为自己的活动准备"点石成金"的"金手指"。

第四，"备活动"需注意前后活动间的连贯性和梯度性。备课中，需确立这样的意识：所有的活动，都需要由特定的问题推动；所有的活动，都离不开富含思维深度的对话;所有的活动,都为了更好地贯彻课时学习目标,为了更好地激活思维、养成能力。基于这样的认知,备课中准备的各种活动,便应该环环相扣、逐层推进,后一个活动以前一个活动为思维立足点,形成整节课上思维活动的登山效应。

> **小结** >>
> 活动即课程。备课中,对活动有了充分的预设,则课堂便有了能力提升的抓手。活动的准备,重在思维训练和能力提升,必须摒弃外在热闹而思维不在场的闹腾。

四、生命在场,为青春牵线搭桥

很多语文同行都有这样的感受:备课时,最难确立的一项教学目标是"情感、态度、价值观"。因为此项目标总给人一种过于"高大上"、又过于虚幻的感觉。目标确立得虚空了,便无法触及学生的灵魂;而目标确立得太实在了,又容易把语文课折腾成思想品德课、伦理课、心理辅导课。

那么,备课中到底应该如何准备这一块的内容呢?我的主张是:把"情感、态度、价值观"搁置一旁,不为了教"情感、态度、价值观"而生硬地发掘"情感、态度、价值观",更不能因为课文内容涉及了爱情便探究爱情观,涉及了人性便探讨人性的善恶,而是要立足文本细读,在问题探究和活动开展中,水到渠成地接受文本中思想与情感的熏陶和启迪。也就是说,备课中无需单独预设一个独立的教学环节来落实此项教学目标,而是要将其融合到问题探究和课堂活动之中,以润物无声的方式实现目标。

体现到教案上,此目标设计的重点在于载体。前例的《氓》的两种目标设计,都未能对载体作必要的预设,"培养坚强独立的人格,树立正确的爱情观"的目标便容易流于形式,也容易脱离了文本本身的意义与价值。事实上,"坚强独立的人格""正确的爱情观"本属于当代人的价值诉求。以两千多年前的文本，培养当代人的价值观，总有点隔靴搔痒之嫌。更重要的是，强化了此种意义价值后，《氓》真正的思想和情感意义反而被遮蔽了。

依旧以《氓》为例。如果语文教师在备课时有效关注"情感、态度、价值观"的载体预设，则《氓》应该给青春期的中学生们带来哪些有益的生命启迪呢？结合课文的具体内容，便可以发现如下信息：

（1）氓与卫女属于自由恋爱，而且，恋爱时两情相悦，充满了无限的美好。——载体是诗歌的前两段文字。

（2）女孩子不要过分沉溺于爱情的幻想之中，更不要希望男性也如女性一样以爱情至上。——载体是诗歌的第三段。

（3）婚姻不是保险箱，由爱情而转为婚姻，便是由浪漫而转为现实。生活中的柴米油盐，往往是爱情的最大敌人。——载体是诗歌的第四段。

（4）爱情需要经营，仅有生活中的任劳任怨远远不够。坏男人可能是好女人宠出来的，就如坏孩子可能往往由好父母宠出来一样。——载体是诗歌的第五段。

在立足文本解读出这些意义之后，倘若真要对学生进行更深层次的"坚强独立的人格""正确的爱情观"的教育，则需辅之以适度的拓展。比如下面这段文字：

所谓爱情，不过是荷尔蒙一分钟的荡漾。科学家说，这种荡漾，最长能维持四年时间。所以很多段关系能走下去，其实很少靠的是纯粹的爱情，而是一种莫名其妙的责任感，一种强烈的想和对方在一起的信念，甚至是由爱情转化而成的亲情。

且不论这段话中观点的对与错，至少，它已走出了盲目讴歌或盲目批判的简单价值判断，走向了思考和分析。这样的思考，才能真正作用于学生的生命和情感，才能让文本学习和情感陶冶建立有效的联系，促使学生在课余时间去思考相关的问题。

即使是教学论述类文本，也需要为文本中呈现的思想意义搭建好课堂活动的思维载体。比如，学习《拿来主义》时，语文教师的职责，当然不是帮助学生学会"拿来"，而是重点学习文章陈述观点的方式与方法，同时接受来自文本中的正确思想。语文教师在准备《拿来主义》的教案时，依旧需要紧扣文本中的语段细读来感知方式方法，获取精神营养。文本，同样是保障教学活动中学生的生命在场的重要依托。

小结 >>

学生的情感，来自课文的点染。唯有把课文读深读透，两种情感才能打通。备课，就要想方设法找到这打通的方法，切不可如贴膏药一般，硬性地将"情感、态度、价值观""贴"到教学过程中。

如何确立课时目标

上一节文字，已就备课中的目标确立问题进行了初步探究。文章中解析的教学目标，指的是围绕具体课文的教学而预设的整体性目标。此种教学目标，既从属于单元学习目标、学段学习目标和语文课程标准，又统领各具体教学课时的学习任务。

本节文字的研究重点为各具体课时的教学目标。当某篇课文只需一个教学课时完成学习任务时，其课时目标与备课中预设的课文教学目标大体上处于重合状态。而当某篇课文需要两个、三个或更多教学课时才能完成相应学习任务时，则每一个学习课时都需要预设一个适宜的课时目标。值得注意的是，具体的课时学习目标，并不是备课中预设的课文教学目标的简单分解。课时学习目标之和，必然大于预设的课文教学目标。

当下的语文教学实践中，大多数语文教师并未养成分课时确立教学目标的职业习惯。因为没有具体的目标制约，课堂教学便可随心所欲，教师便可以只依据了自身的阅读体验和教学经验而组织课堂活动，不用顾及语文课程的知识体系和能力梯度。正因为如此，日常教学中便常出现这样的现象：同一篇课文的同一个教学课时，十位语文教师能设计出十种不同的教学方案。这些方案的关注点，基本上来自这十位语文教师的主观臆想，是他们自认为很重要其实并无确凿的课程依据的语文知识与能力。

作为课程的语文学科当然不是教师个体思想与行为认知的跑马场。语文课程需要并存在着应有的知识体系和能力梯度。即使是情感层面的教学内容，也需要以学生的生理年龄和其他学科的教学内容为依托。基于这样的理解，每一名语文教师都有必要认真准备每一课时的教学目标。认真，不只是态度，更是方法与能力。认真准备，就是要立足课程应有的知识体系和能力梯度，就是要以学生的学习现状和学习需要为基点。

一、在大脑中栽种一棵目标树

从学习载体这一属性而言，最具理想性的语文课程，应该类似于一个拥有明晰的目标体系和完善的知识结构框架的学习资源库。这个资源库中，事实、概念、原理、技能、策略、态度等六类课程要素，构成了六棵枝繁叶茂的信息树的主干。每一棵树的主干上，又都生长出若干的枝杈。每一个枝杈上，又都派生出新一层级的若干枝杈。如此，一棵树上的万千树叶虽看似各自独立，最终却都可依照其生长路径，分解出由主干直至树叶的隶属关系。当我们将这些茂盛的树视作语文课程时，主干便是语文课程标准，树叶便是课文中的各种学习元素。在课程标准和具体的学习元素之间，则依照派生属性而体现为"课程标准—学段目标—学期（或学年）目标—单元目标—课文目标—课时目标—学习元素"层次分解关系。

现实的教学情境中，文选式教材编排体式的客观事实致使上述课程构想几无任何实现的可能。面对一篇篇具体的课文时，极少有语文教师会依照上述的层次分解关系而由本至末地梳理各层级的教学目标。退而求其次，当下的语文教学中，绝大多数语文教师只能依靠教材编写者在单元说明中预设的目标要求而确立单元学习目标，再依照单元目标而确立各独立课文的教学目标。能够这样设计一节课的教学目标的语文教师，已经称得上是具有一定的课程意识的成熟教师了。

现实的惨淡，并不妨碍每一位有思想有追求的语文教师自我建构体系化的课程目标。比如，面对一篇高中一年级的古典诗歌课文时，语文教师就应该思考，高一年级的古典诗歌教学，应该和初中的古典诗歌教学有什么样的差异，又该与高二、高三的古典诗歌教学有何种区别。有了这样的思考，其实就是在教学中关注了该篇课文的学段目标和学期（或学年）目标。如果再作进一步思考，将该篇课文所在单元的教学目标和其他单元的古典诗歌教学目标加以区分，便是关注了单元目标。再往纵深处探究，将本单元中确立的目标，分解到几首具体的诗歌中，让每一首诗歌只重点承担单元目标中的一项或两项任务，这便是确立了应有的课文教学目标。当这一项或两项任务，需要用多个教学课时完成时，再将这任务作更细致的分解，便是落实了课时学习目标。此种目标分解最大的好处在于让每一节课都拥有一份独特的教学任务。这些任务的归总，便形成了完整的语文课程。

> **小结** »
>
> 目标树的有无，决定着课堂教学的效率。大脑中有目标树，教学便可逐步削减重复赘余的内容。大脑中无目标树，便只会依照自身的喜好、个性与特长而组织教学，便难以区分学段差异、单元差异和课文差异，教学中便会出现能力训练点的疏漏。

二、应考虑知识的有效衔接

苏教版高中语文必修四"笔落惊风雨"主题单元中，收录了《氓》这首古代诗歌。当这首诗歌需要用两个课时来完成教学任务时，该如何分别设计课时教学目标呢？且看下面这个示例。

《氓》第一课时教学目标：

（1）了解《诗经》赋比兴相关知识，能找出本诗的赋比兴之处。

（2）通过朗读，抄写记住"垣""愆""葚""隰""蚩""将""靡""于""说""渐"等字的读音和字形。

(3)通过提问方式,弄懂字词含义。

(4)把握文章写作思路。

《氓》第二课时教学目标:

(1)通过讨论,把握抒情主人公不同时期的不同形象。

(2)通过"我也谈爱情"的活动,树立正确的爱情观。

该设计的优点在于注意了两个课时之间的认知差异。前一个课时关注了基础知识的识记,注意了重点信息的强化训练,梳理了诗歌的写作思路;后一个课时只围绕两个核心问题而组织教学,主问题较为集中。两个课时之间没有教学内容的纠缠,教学目的清晰,具有较强的操作性。

该设计的缺点在于,第一课时中的目标(1),漠视了《诗经》曾在初中教材中出现过的事实。教师依照此目标进行教学时,对《诗经》赋比兴相关知识的介绍,极有可能是在重复初中教师已经传递过的信息。如果从学科知识体系化建构的视角设计该项目标,则应修正为"复习初中阶段已了解的《诗经》赋比兴相关知识,并结合课文中的具体表述,重点研习比兴兼格的修辞手法"。目标(3)过于泛化,不利于突出教学中的重难点。第二课时中的目标(2),偏离了语文学习的轨道,与《氓》这篇课文的学习内容并无必然关联。

由此示例可见,任何一篇课文的课时教学目标,都不能建立在教师的主观臆测的基础之上,而是要基于语文课程体系化建设的需要,从知识体系、能力层级、学生理解水平等客观实际出发进行合理安排。在初中甚至小学的教科书中已经出现过的教学内容,就无需作为高中阶段课堂教学的重点,除非此内容在该篇课文中有了新的呈现形式,且这样的呈现又属于高中生必须掌握的知识信息或学习技能。另外需要注意的是,类似于第二课时目标(2)的活动,看似关注了学生的成长需要,实则毫无意义。倘若课文中涉及了爱情,便需要组织"我也谈爱情"的活动,并以此来"树立正确的爱情观",那么,初中时已经学习了《关雎》和《蒹葭》,岂不是已经谈过了两次爱情,树立过两次正确的爱情观了？再加上高中阶段学习了《致橡树》《静女》等作品，则这样的探讨大约要达到泛滥成灾的地步了。《氓》的课程价值，不在于其文本中涉及的爱情与婚姻等信息，而在于它是用什么样的方式来呈现这样的信息。

小结 >>

课时目标永远不是独立于完整的学习过程之外的存在形式。每一个课时的教学目标，都应该兼顾以往所学和当下所学的承继关系，既要注意新旧知识的复习衔接，又要注意紧扣课程需要设立目标，组织活动。语文教学中预设的活动，不能脱离了语文这一根本。

三、基本原则与基本方法

目标是教学的航灯，也是教学的缰绳。课时目标确立的精当与否，直接影响着课堂的教学内容、教学方法和教学效果。在日常教学中设计出既贴近学情需要、符合课程建设需要，又能够切实提升学生学习素养的课时教学目标，是语文教师绕不过去的一个职业关隘。要攻克这个关隘，就需要遵守课时目标设计的基本原则，掌握并灵活运用课时目标设计的基本方法。

课时目标设计的基本原则，体现为下列四点：

整体化原则。所谓整体，即是将语文教学内容视作学生生命成长的一个整体性推动力，既关注语文教学内容的字词句篇等基础知识，也关注听说读写等基本技能，还关注情感润泽、生命雕塑等非知识信息的成长元素。具体到课时目标的设立中，便是应兼顾"知识与技能""过程与方法""情感态度价值观"三方面教学需求，在着力落实基础知识、基本技能的同时，更多关注学习过程中的"情感态度价值观"。必须注意，"情感态度价值观"绝非脱离课程内容的空乏说教，而是学习过程中学生应该体现出的学习品质、学业素养和理性价值诉求。

体系化原则。该原则要求合理界定课时学习内容在单元、整册课文、学段乃至整个基础教育阶段的应有位置，最大限度发掘课时学习内容中符合课程要求又具有独特表现形式的那部分教学元素。同时兼顾语文学习过程中知识积淀与能力提升的巩固性要求，适当复习既往所学的知识与技能，并使之服务于该课时的学习需要。

针对性原则。该原则需从三个不同的视角进行意义界定：从课程视角而言，课时教学目标的设定应紧扣语文课程内容而选择核心问题；从学生视角而言，课时教学目标的设定需贴近学生的具体学情，又不迎合学生的功利性学习需要；从教学本身而言，课时教学目标的设定需关注具体的活动设计，能针对本课时的核心问题创设出合理的、高效的学习情境。

可操作性原则。所谓可操作性，绝非指向单一的外在活动形式，而是兼及教学内容和教学形式两个方面，并以教学内容的"可操作性"为基础。教学内容的可操作性，即教学内容存在的合理性。也就是说，任何一个具体课时的教学内容，都应该先具备存在的合理性，再谋求方法的合理性。在二者均满足了合理性要求的前提下，课堂活动才能简洁高效。

课时目标设定的基本方法，有三个关注点：

目标梯度设定。一个教学课时的教学目标，原则上应包含三个层面的学习任务。第一个目标应着眼于课时学习中的基础知识、基本技能的养成训练；第二个目标应围绕本课时学习中的核心问题而预设课堂活动形式；第三个目标应致力于学习素养的综合性提升。这三个目标，可归结为基础性目标、核心目标和拓展性目标。

核心问题统领。一个教学课时最好只围绕一个核心问题而组织教学活动。课堂上的各种活动，或属于抵达该核心问题而必须展开的铺垫，或属于协助解决核心问题的助手，或属于该核心问题在生活中的具体运用。至于课文中无限丰富的其他信息，只要与核心问题无关，便要敢于大胆舍弃，不纳入课程学习内容中。

关注具体情境。情境指的是预设的教学活动过程以及实际教学过程中围绕该预设而展开的具体活动，情境创设的好与坏，直接影响着整节课的教学效果。有经验的教师，当然可以在教学过程中适时创设必要的教学情境。教学经验匮乏的教师，则应该在设计课时教学目标时，有意识地将具体教学情境的创设手法写入课时教学目标中。

下面这则课时教学目标示例，就较好地落实了上述各项原则和方法。

《登高》教学目标

基础目标：

（1）在反复诵读中，一步步走进作者心灵，体察文字背后的细腻情感。

（2）背诵、默写全诗。

核心目标：

（1）紧扣诗眼，逐句逐字鉴赏玩味，捕捉文字背后隐藏的生命形象。

（2）知人论世，从杜甫的人生经历与情感抗争中，体悟理想之于生命的重要意义。

拓展性目标：

以对联、解说词的形式，对诗歌内容进行适当概括。

> **小结** »
>
> 原则与方法，最终都需要落实到具体的课时教学目标的设定中。此处呈现的案例，更需要用心感悟。只有将案例和上述原则、方法结合在一起品味咀嚼，才能真正把握课时目标设计中的关键，才能设计出指向明确、要点集中的核心课时问题。

如何选择教学方法

当下的语文教学实践中，最不缺的是教学方法，最缺的也是教学方法。一方面是各种花哨的教学方法充塞了现实以及虚拟的教学时空，另一方面是面对了具体的课堂却找不到行之有效的具体教学方法。这样的尴尬，在大多数语文教师的教学生涯中都曾出现过。在某些依靠行政力量强行推进某种教学方法的行政区域内，有教学方法而不会用教学方法，或者是有更适宜的教学方法却为了迎合某种需要而采用并不适宜的教学方法的现象更是常见。凡此种种，都属于颠倒了内容与形式之间的主次关系，或是被方法钳制了思想，或是被方法搅乱了大脑。

语文教学当然离不开行之有效的教学方法。教学方法运用得当，课堂活动便充满张力，学生思维便处于高度活跃状态；教学方法失当，或者干脆就缺失了应有的教学方法，课堂便思维缺位，静如死水。教学方法的得当，既不取决于是否借助了信息技术，也不取决于是否开展了合作探究，而是决定于教学目标的有效落实，决定于学生在课堂上获取的事实、概念、原理、技能、策略、态度等课程资源的数量与质量。那些以是否综合使用了多媒体教学设备、是否采用了小组合作探究为绝对标准而评价课堂教学方法或教学行为的举措，看似关注了教学方法，实则是对语文教学的戕害。

一、常见的语文教学方法

网络上搜索语文教学方法，可找出数十种类型。从教师、学生以及师生互动三个方面对其进行归类，大体上可归结为"以教为主的方法系统""以学为主的方法系统""以对话为主的方法系统"三大类别。三者各具特色，分别适用于不同的教学内容。

以教为主的方法系统，特征为教师居于课堂活动的主角位置，学生处于被动接受的学习状态中。传递知识信息，依靠教师讲述与呈现。该类型教学方法主要包括：

讲授法。主要用于新课导入、作家作品介绍、写作背景简介、结论性成果告知、教师个体的思维认知路径展示等学习内容，以教师口头陈述为主要形式。

展示法。利用现代信息技术，将原本需要口头讲授的内容，转换为多媒体信息资源，借助投影仪、电子白板或网络平台传递给学生。其特征为信息量大，且具有较强的动态化效应。

串讲法。"讲"即讲解，"串"即串连，就是以"讲"的方式把课文串连起来，把基础知识的积累、基本技能的训练贯穿到课文内容梳理的全过程。文言文教学中，此种方法运用极为广泛。

以学为主的方法系统，特征为学生居于课堂活动的主角位置，教师处于导演或助手的位置。获取知识信息，依靠学生的自主学习与合作探究。该类型的教学方法主要包括：

自主预习法。自主预习能力是语文学习中最重要的一种能力。自主学习法，就是要借助学生主体的独立学习活动，发现所需学习内容中的重要信息，同时发现自身的学习障碍，为下一步的课堂学习作准备。自主学习法在实施之初需借助教师的帮助，养成习惯后才能转化为自觉的学习行为。

涵泳吟诵法。书读百遍其义自见，此法侧重于个体对相关学习内容的涵泳吟诵，旨在通过反复咀嚼品读出文字背后隐藏着的丰富意蕴。这一方法，被广泛运用于诗歌教学和精美散文的教学中。

角色体验法。此法注重换位思考，需要创设一定的教学情境，让学生暂时忘却自身，进入到需要理解的文化氛围中，用他人的思维方式进行思考与行动，进而合理地感受需要理解的角色的独特心理。这一方法，在认知文学类作品的人物形象上最为常用。

资料检索法。此法适宜于解决自主预习时遇到的知识性难题。信息化时代给学习带来的最大影响是获取信息资源的路径由单一的教师告知转化为海量信息源共存。合理使用资料检索法，能迅速解决自主预习中遭遇的疑难问题，让课堂学习的关注点集中到能力养成之上。

质疑探究法。对来自资料检索以及课堂上教师告知的内容形成疑问时，学生个体需围绕这些疑问展开探究。此种探究，一是需要打通新旧知识间的有效衔接，二是需要打通生活和课堂之间的有效衔接，三是需要打通多种信息资源和具体疑问间的有效衔接。质疑探究的目的，既可以指向问题的解决，也可以指向发现更多的问题。

合作互助法。此法是十余年来最受推崇的教学方法。合作互助法既可以是同伴间的两两合作、四人或六人学习小组间的合作，也可以是师生之间的合作，还可以是学习主体和网络学习资源间的合作。合作互助法的着眼点在于取长补短，借他人的智慧弥补自身认知经验的欠缺。

以对话为主的方法系统，特征为学生个体——学习同伴——教师——教材——其他信息资源之间的多元互动。师生双方均保持学习者的姿态，在平等的学习情境中共同探究某些学习问题。该类型的教学方法主要包括：多元对话法。对话的本质，不在于各自表达观点，而在于围绕同一问题展开多层次的交流。此种教学方法，注重思维的碰撞与激活，强调在碰撞与激活中，将所有人的思维认知都向前推进一步或数步。课堂教学中，运用多元对话法时，需提供较为充裕的对话时间；情境教学法。此法注重在课堂教学中创设有效的思维情境，旨在打通学习和生活的关联，让语文教学与学生的情感体验结合起来。教学中运用此法时，需注意紧扣课程需要而创设特定教学情境。情境需要服务于教学内容。

> **小结** »
>
> 没有任何一种教学方法可以适用于所有的教学内容，也没有任何一种教学内容必须使用某一种固定的教学方法。语文教学方法多样，运用之道全在于适宜。

二、传统教学法并不过时

随着现代信息技术在语文教学中的广泛运用，传统的语文教学方法已开始面临越来越多的挑战。互联网＋带来的信息渠道的变革，让学生即使离开了具体的课堂和具体的教师，也有足够丰富的途径获取本该在课堂上获取的各种知识。这样的教学环境下，教学方法的变革已成必然趋势。微课、慕课、翻转课堂、未来教室等全新的教学形式，已日渐成为教学的潮流。

即使是在信息技术缺位的教学情境下，先学后教式教学法、导学案教学法、菜单式学习法、成果展示教学法等课改模式，也凭借了应试能力的快速提升而赢得了越来越多的教育行政机构的青睐。若干地区甚至运用行政力量在管辖的行政区域内全面性强制推行这样的教学变革。比如，有些地区规定教师连续授课时间不得超过5分钟，有些地区甚至规定教师整节课的讲授时间不得超过5分钟。这样的规定，让传统的讲授法几无任何生存空间。

传统教学方法真的彻底过时，再无价值了吗？

让我们研究几则教学案例，便能形成应有的答案。

案例一：

学习《林黛玉进贾府》时，为了帮助学生熟悉故事情节，教师利用电子白板播放了从电视剧《红楼梦》中节录的视频资料。随后，整节课便围绕此视频资料中呈现的故事、形象等展开探究。

案例二：

《一滴眼泪换一滴水》公开课上，教师依照学生在学案中提出的疑难问题形成学习任务，要求全班12个学习小组（每组4人）分别探究其中的一个问题，限时3分钟。然后各学习小组自主呈现研究成果。一节课解决了困惑学生学习的12个问题。

案例三：

《念奴娇·赤壁怀古》公开课上，结合诗句的串讲，教师利用电子白板先后展示了黄州赤壁图片、《三国演义》周瑜剧照、小乔剧照、《三国演义》"火烧赤壁"视频节录，并在新课开始和结束两处，分别播放课文的朗诵视频和京剧表演视频。

这三个案例中，教学法不可谓不新潮，教学内容也十分丰富。但是，三个案例都偏离了语文课程的本质属性。其中，第一个案例以视觉形象取代了课文中静态的文字形象，便是以单一的实体消解了无限丰富的艺术想象力，让"一千个读者便有一千个林黛玉"变成了"一千名观众只有一个林黛玉"。第二个案例，看似整节课都处在思维的活跃状态中，实际上的有效学习时间却只有合作讨论的3分钟。而且，每一个小组的学习内容，仅只是应该了解的教学内容的十二分之一。第三个案例，内容杂乱，辅助材料缺乏明确的课程指向，且不断有学习思维的不良干扰，以声光电的大杂烩，剥夺了学生静读涵泳的机会。

上述分析，当然不等于否定现代教学方法的应有价值。现代教学方法，如果运用得当，自然会为课堂增添光彩。此三则案例之所以成为现代教学方法运用的败笔，在于其课堂关注点并未落实到文本课程信息的有效学习之上，所开展的各种活动，缺乏合理学习目标的引领，缺乏对文本内容的咀嚼品味，缺乏由文本内容的理解而获取的独特的生命感悟。

如果采用传统教学法教学处理此三则案例，则案例一便可运用讲授法概述与课文相关的故事情节，用角色体验法揣测林黛玉独特的情感，用涵泳吟诵法细细品味那"两弯似蹙非蹙罥烟眉，一双似喜非喜含情目。态生两靥之愁，娇袭一身之病。泪光点点，娇喘微微。闲静时如姣花照水，行动处似弱柳扶风"形象的无限韵致。如此，语言文字之美才能得到最大限度的激活。案例二的教学，则完全可以采用讲授法或展示法直接告知雨果、浪漫主义、吉卜赛人、中世纪、教会等相关背景资料，采用自主预习法、质疑探究法、资料检索法等方法发现阅读中的难点问题，并借助资料获取他人对这些难点问题的思考与研究，进而形成自己的思维认知。案例三的教学，可运用涵泳吟诵法反复吟诵品读，每一次品读，只侧重解决一方面的问题。如此，读一遍便将理解深入一步，慢慢地便抵达了文本的内核。

基于此种理解可以发现，无论现代信息技术如何先进，传统教学方法在引导学生品味文字、感知形象、获取情感启迪等方面都依旧具有存在的价值。这一认知，语文教师必须牢记。

小结 >>>

在教学方法运用上，全盘否定传统教学方法与全盘肯定传统教学方法的行为，都是一种荒谬。语文离不开语言和文字，离不开听说读写等基本能力。这些，更多需要依赖静静地读、静静地思、静静地品。

三、关键是在文字中沉潜

任何时候，教学方法都只是达成教学目标的必要手段。教学方法只能从属于教学目标和教学内容，并对目标的实现和内容的完成发挥一定的影响力。区分一种教学方法是否满足语文教学的客观需求，主要看此种教学方法能否引领学生沉潜到文字中，以一种相对愉悦的心态，积极主动地发现并思考相关问题，进而实现学习能力的提升和思想情感的润泽。

在基础知识传授与基本技能训练方面，传统教学方法已积累了较为丰富的实践经验，形成了较为完善的理论体系。教学此类学习内容时，语文教师应对传统教学方法充分尊重并积极实践，要敢于在自己的课堂上紧扣课文组织形式多样的诵读活动，敢于在某些类型的教学活动中拒绝使用现代信息技术，敢于针对某些问题充分发挥教师的主导作用，以教师的专业素养引导学生避开学习中的各种陷阱，帮助学生尽快抵达课堂的最美风景点。比如，语文教师应注重字词积累中的检测，注重古典诗文教学中的静读涵泳，注重文学作品的速读品鉴，等等。这些知识与技能，路径单一，规律性强，抓住了课文，便抓住了要害。

在个体阅读能力培养、鉴赏能力提升、审美品格陶冶和思维习惯养成方面，仅只依靠传统的讲授法、展示法、质疑探究法等教学方法，课堂的信息容量便不够丰富，无法满足学生的阅读需求和探究欲望。完成这些教学任务时，应该充分发挥现代信息技术的资源优势，或组织学生自主寻找相关信息，用以深化对课文中相关内容的理解，或由教师提供一系列具有思维认知梯度的信息资料，借助对这些信息资料的鉴赏品读，引领学生一步步攀上思维认知的高峰。当然，这些拓展信息，应尽量以文字方式呈现。除非确有需要，语文课堂上尽量不要引入影视作品。动态的画面转瞬即逝，留下的思考空间总是过于逼仄。静态的文字恒久存在，有利于在反复咀嚼中不断收获新的发现。

小结 »

教学有法而无定法，教学之法以课程为纲，以学生的发展需要为本。语文教师在日常教学活动中，应依照不同的教学内容而灵活运用不同的教学方法，切不可盲目跟风，被一种方法捆死了手脚。

四、所有的方法均应指向思维与课程

如果在一位老师授课结束后，向他提出这样一个问题：您为什么要在课堂上运用某种教学法，而不是另一种教学法呢？我相信，短时间内大多数被提问者很难给出一个明确的回答。因为大多数教师在课堂上选用一种教学法或许只是一种习惯，也或许只是一种需要。至于其中蕴含了什么样的教学原理，极少有人在备课或教学时进行认真探究。

此种假设意在解析一种教学现象：为数众多的语文教师，通常是基于个体的习惯、癖好或某种需要而选择教学方法，而不是依据变化中的学情、特定的教学内容。这一点，在公开课和家常课的差异性教学中最为明显。绝大多数语文教师在执教公开课时，总要想方设法地运用一些相对新潮的教学方法。回到家常课的教学，则依旧以传统教学方法为最重要的教学武器。

下面两则《老王》公开课教学片段，就体现出这样的特性。

片段一：

师：本文哪个地方写得最精彩，为什么？

生："直着脚往里走，对我伸出两手。一手提着个瓶子，一手提着一包东西。"

"他一手拿着布，一手攥着钱，滞笨地转过身子，我忙去给他开了门，站在楼梯口，看着他直着脚一级一级下楼去"，这"直"字用得好，恰当地写出了老王的行动之苦。

师：你的点评不错，来，到讲台来模仿一下这"直"脚走路。

（生到讲台直着脚上，直着脚下，其他学生发笑，课堂气氛一下子活跃了起来。）

师：这位同学在模仿时，很多同学发笑，笑什么？笑模仿得不正确，还是老王的举动？难道就没有点别的？

片段二：

师：倘若你遇见老王，你会怎么做？

生：我会搀扶着他，一直把他送回家。

生：我会雇辆出租车，把他送到医院，给他检查一下。

生：我会给他买些好吃的，再给他一些钱。

生：我会要求政府建一所敬老院，里面有设施齐全、技术较高的医院，把老王这样的人都吸收进来，使他们安享晚年。

这两个教学片段中，前者意在运用展示法和角色体验法组织教学活动，后者意在运用问答法和多元对话法陶冶学生的情感。只是，这四种方法都只是得其形而未得其实，缺乏对课程内容和学生学习思维的有效关注，因而都无法达成预期的教学目标。

具体而言，第一个片段选用展示法进行教学活动时，教师对课程内容未作认真钻研，舍了语言文字鉴赏这个"本"而追逐了课堂表演这个"末"。教师的教学意图原本很明确——探究文本中的精彩细节，体味细节中的人物个性与精神品质。"直着脚"走路的细节，确实很能表现老王的行动之苦，然而，行动如此艰难的老王，还要登"我"的门，给"我"送物品，这其中包含着什么样的人性光芒呢？这原本应该是教师深入追问下去的问题。遗憾的是，教师不引领学生沿着这目标探究下去，却草率地安排一名同学上台模仿老王的动作。这一模仿的结果，是学生的哄堂大笑，"课堂气氛一下子活跃了起来"。

第二个片段中，教师的提问同样缺乏课程意识。此问题的价值指向，既不是课文内容的深度阅读，也不是基于文本深度探究后获取的真实感悟。这样的问题，即使不学习《老王》这篇课文，同样可以作这样的回答。更重要的是，此问题小学生也能这样作答，完全不能体现高中生语文学习过程中的应有思维品质。

以这两则教学片段中的教学方法的误用为例，便可发现现实教学中如何合理使用教学方法确有研究价值。其实，方法无所谓旧与新、传统与新潮、坏与好，关键是用对了内容，用对了时间，用对了情境。"用对"之"对"，根本点只在于语文课程，只在于是否构成了紧扣课程需要的思维挑战活动。能够充分激活学生的学习思维，并用最经济的时间获取最大的学习效益的教学方法，就是最该选用的好的教学方法。

如何设计课堂主问题

当课文不再是独立于课程体系之外的文章时,每一篇课文所承载的教学任务便相对清晰起来。语文教师即使并不了解特定学段对事实、概念、原理、技能、策略、态度等课程要素的具体教学要求,只要能够把握住该篇课文在特定单元中的学习要点,把握住该篇课文在呈现单元学习要点时最具特色的表现形式与实际内容,也就能够抓住此篇课文的教学重点,落实此篇课文的课程价值。

剩下的事情,便是如何围绕既定的教学目标以及教学重点组织合理有序的教学活动。此项准备工作中,极为重要的一项任务是设计出课堂教学活动的主问题。常态化语文课堂活动中,一个课时应尽量围绕一个主问题而展开,以一个主问题带动起若干的辅助性问题,以此落实相应的教学目标。

如何设计课堂主问题呢?总的原则是服务于语文课程的学习需要。具体方法上,则需针对具体文本、具体的教学目标以及具体学情而灵活处理。主问题必须既贴近课文的应有教学目标,又贴近学情,有利于营造良好的问题情境,激活学生的学习思维。

具体而言,设计课堂主问题应从下述四方面着手:

一、围绕核心目标预设主问题

下面列举的这三个课堂问题，取材于某期刊刊载的省级优质课一等奖教学实录。教学内容为《将进酒》，隶属于人教版选修教材《中国古代诗歌散文欣赏》第三单元"因声求气 吟咏诗韵"中的"赏析示例"模块。整个实录由三个版块构成，分别是"畅读通其韵""品读感其人""演读达其神"。此三个问题，均出现在第二版块的学习过程中。另两个版块，全部由不同形式的诵读构成。

问题（1）：透过（　　），我读到了一位（　　）的李白。

问题（2）：圣贤之人本该有施展才华的舞台，但却被人冷落，反而"饮者留其名"。诗人把这种不公的现象表达出来是为了表现什么？

问题（3）："天生我材必有用，千金散尽还复来"这两句话，老师初中毕业时在同学录中写过，相信有些同学也写过。那么同是这两句，我们和李白真的一样吗？

该教师设计的这三个问题，是否能够围绕核心目标而牵动整节课的学习呢？三个问题分别指向何种学习内容，又是否有主次之分？要回答这些质疑，先要分析三个问题间的逻辑关系。

三个问题中，问题（2）和问题（3）分别针对两处具体的诗句而展开探究，问题的最终指向，都在于挖掘诗句背后隐藏着的诗人的独特情感。本质上而言，这两个问题，不过是对问题（1）的具体化呈现，同属于问题（1）的引领范围。问题（1）属于主问题，问题（2）与问题（3）属于该主问题上生长出的两个具体枝杈。

理清了三个问题间的逻辑关系后，便需关注该主问题与课文的课程价值间的契合度。主问题只有紧扣了课文的教学目标，才能满足教学的需要。

从课文所属的单元主题及模块特征中可知，《将进酒》的课程价值，相当于王荣生博士在《语文科课程论基础》中所归类的"例文",用以充当"因声求气 吟咏诗韵"这一诗歌学习法的"赏析示例"。也就是说,《将进酒》写了什么、怎样写以及为什么写,对于该文本的课程价值而言并非全部重要。作为课文,《将进酒》只需承载起"因声求气 吟咏诗韵"这八个字,能够为此种诗歌鉴赏方法提供典范性的素材。

问题(1)能符合"因声求气 吟咏诗韵"的教学需要吗?答案是肯定的。问题(1)中的前一处空格,关注点正是课文中的"声"——具体的诗句;后一处空格,关注点则是课文中的"气"——诗人的个性、理想与追求。也就是说,问题(1)所引领的一切课堂探究活动,都是围绕着"因声求气 吟咏诗韵"这个课程任务而展开。这样的主问题,化繁为简,举纲带目,有效落实了"赏析示例"的教学任务。

由此课例可见,一节高质量的展示课绝不会试图将一首诗歌中的所有内容都纳入教学活动中。区分一位语文教师是否优秀的一个标志,就是看其是否懂得依照合理的教学目标大胆舍弃诸多非教学内容的信息,集中精力只围绕一个主问题展开探究活动。

小结 >>

一节好课切不可头绪繁多、眉毛胡子一把抓,只需紧扣核心目标设计出一个主问题,辅之以疑难处的两三个派生问题,便足以推动整节课的活动,有效落实课文的教学价值。

二、形成层层铺垫的问题串

《前方》是苏教版高中语文必修一第三单元"月是故乡明"中的一篇教学文本,与自读文本《今生今世的证据》共同组合成"乡关何处"学习模块。教材编写者赋予该单元的课程任务是"阅读不是被动地接受,而是与文本的对话,是一种主动积极的创造性的活动"。将此任务分解到该单元的任意一篇课文中，便是学会从不同的角度与课文对话。为了将此核心目标落到实处，教材在第一模块中分别用三篇课文作了对话示范:《想北平》教给学生的是阅读中与具体语句的对话，《我心归去》教给学生的是与段落结构的对话，《肖邦故园》教给学生的是与创作手法的对话。第二模块的教学任务，显然是要借鉴第一模块三篇课文的示例，引导学生选择适宜的视角与文本对话。

该篇课文篇幅较长，文本信息量较大，内容头绪繁多。设置主问题时需要借助辅助问题的铺垫与引导，形成层层铺垫的问题串，才能发挥最大化的课程价值。下面这个案例中的问题串，就较好处理了辅助问题和主问题间的铺垫与引导关系，确保了主问题紧扣核心目标而展开。

（1）人们为什么想去"前方"？课文是否有交代？在哪儿交代的？又交代了些什么？

（2）"前方"究竟是什么？人们为什么去不了"前方"？"前方"对应着人性中的什么？

（3）关于"家"的内容，集中在哪些段落？"家"的含义是什么？

（4）作者为什么说人"无家可归"？为什么回到了"家"，依旧还是"无家"？

（5）人有没有心灵的归宿？如果有，会在哪儿？

（6）苦旅究竟苦在哪里？人是怎样进入这一苦旅的？

（7）这篇课文，写的是前方吗？是"家"吗？

这七个问题，集中于发掘文本内容的意义。既不涉及段落结构的分析，也无关创作手法的探究。也就是说，该课的核心目标被教者设定为与课文意义对话。这样的目标设定，符合单元教学要求。

七个问题中，哪一个问题属于主问题呢？不妨对七个问题作一解剖：

第（1）（3）（5）问分别针对"前方""家""路"这三个核心意象而提出，目的在于引导学生认真研读文本，从文本中寻找相关信息。三个问题在课堂的结构上还具有承上启下的连接作用。

第（2）（4）（6）三个问题，是对（1）（3）（5）问题的有效深化。第（2）问被分解成三个小问题后，思维的渐进性便很好地展现出来。第（4）（6）问的两个小问题，也存在着走向深入思考的特性。

第（7）问是整节课的收官之作。这个问题的价值在于引领学生从超越文本字面意义的哲学层面思考本文的主题。有了这一追问，原本已经在讨论中"解决"的问题，陡然又重新陌生起来。这一问，当然并非为了寻求答案，而是为了激发思考，为了将课内的学习延展到课堂之外，甚至深入到学生的生命中，陪伴他们终身。

有了这样的分析，主问题便显现了出来。能够统领"前方""家""路"这三个核心意象的只有问题（7）。前六个问题的价值在于将第（7）问细化，消除认知中的种种障碍。试想，如果没有前六个问题的铺垫与引导，直接将第（7）问前置到新课的开始阶段，或者中途的文本解读阶段，都会因为难度太大而形成学生的思维阻滞。当它出现在整节课的结尾时，一部分学生已经借助前六个问题抵近了这层台阶，也就有了足够的理解力。另一部分虽还存在某些理解困惑，但也可以在课余时间借助进一步的阅读而获得新的情感体验，也就能够更好地认知这个问题。

由此则案例可知，当主问题具有一定的理解难度时，不妨先将主问题分解为数个细节性问题，充当主问题的先锋，去跟学习者进行由浅入深的对话。只有做好了这样的铺垫与引领，主问题才能更好地为学习者所接纳，才能更好地服务于教学的核心目标。

小结 »

形成问题串的关键，在于围绕一个核心问题有梯度地设计问题。问题串中的问题不能游离主题，也不能停留在同一层面。只有紧扣一个核心而渐次深入，才能引领学习者走向思考的深度空间。

三、舍弃不必要的文本信息

下面这个案例片段,来自某骨干研修班的汇报课,教学内容是苏教版八年级语文上册第四主题单元"江山多娇"中收录的杜甫早期的诗歌《望岳》。

进入诗句赏读环节后,教师提出了四个思考题,并组织学生就这四点展开讨论:

(1)诗歌描写了泰山的哪些景物?

(2)你能用一个字概括出诗人笔下的泰山的特点吗?

(3)这首诗抒发了诗人什么样的感情?

(4)古诗在语言上的最大特点是什么?

在上列几个问题讨论结束后,教师利用多媒体课件,对诗歌鉴赏的相关技法进行了第一次归结。教师强调:

(1)一般来说,诗歌中用得好的词是动词,其次是形容词。

(2)诗歌的语言十分简约。学习诗歌,必须借助联想想象,丰富诗歌画面。

(3)理解诗人的感情,必须"知人论世",要关注时代背景。

新课总结环节,教师先回顾赏读时留下的一个悬念:哪一个字最能概括泰山的特点。教师在学生概括出的高、绝、秀三个特点中,叉掉了后两者。随后,围绕着"高",利用多媒体展示出一幅表格,突出《望岳》中的"山高"——"心高"——"人高"的深刻内涵。

接着,教师就"如何学习古诗"这一主题,把整节课的教学流程系统回顾一遍,并将其作为学习古诗的必然步骤进行强调。

最后,教师利用多媒体课件,展示其归纳的学习古诗技法:

(1)知诗人,解诗题。

(2)读诗句,晓诗意。

（3）想诗境，品诗句，悟诗情。

（4）诵诗文。

结束新课环节，教师利用多媒体课件，展示一段精美散文：走进唐诗，就是走进了一个神奇的王国……

从四个问题讨论后的教师总结以及后续的课堂活动可知，该课的预设核心目标应为赏析古典诗歌的方法。如此，开始部分的这四个问题，显然都未能直接瞄准本课时的核心问题。而且，这四个问题完全从四个不同的角度提出疑问，相互间没有逻辑关联，不构成思维的逐层递进关系，也就不属于服务主问题的课堂问题串。

更为严重的问题是，该课案预设的核心目标大而不当，脱离了八年级语文课程的具体教学目标。试图用一节课解决古典诗歌鉴赏中的所有技法，这样的教学只能是痴人说梦。

从语文课程体系化建设的角度出发，八年级课文《望岳》的核心教学目标，只该是诸多鉴赏技法中的某一具体方法，比如"如何品读诗歌语言"。一节课只围绕这一个点进行全方位的训练，诵读指向语言的品读，问题设计指向语言的品读，课堂活动指向语言的品读，拓展迁移依旧指向语言的品读。这样去做才能把该教的问题教透彻，扎扎实实地提升学生的古典诗歌鉴赏能力。至于其他的鉴赏技法，则应该被分解到其他诗歌的教学中。只要每一节课都集中力量解决一个核心问题，同时大胆舍弃其他不必要的文本信息，日积月累，所有的鉴赏技法都可以得到完整而详尽的训练。

小结 »

课文的核心教学目标应只针对某一具体的能力训练点而设计，课堂中的提问也必须瞄准这一具体的能力训练点而展开，要形成具有极强的教学针对性的主问题，其他的所有问题都必须服务于这一主问题。切不可多主题设置问题，致使课堂头绪过多，任何问题都得不到深入探究。

四、把能力训练落到实处

之所以强调一节课只围绕一个主问题而组织教学活动，目的在于保证一节课的教学任务更为集中，相应的能力训练点得到充分的探究与实践。语文教学无论采用什么样的方法开展课堂活动，其最终价值指向永远是学生的成长需要。而满足成长需要的关键性教学元素，首推提升学习能力。

基于这样的课程价值认知，语文教学中的课堂主问题，便必须始终围绕"语文"二字而展开，如果一节课的活动重心偏移到了非语文教学的内容上，则无论课堂主问题多么明晰，也无论课堂气氛多么活跃，都无法将相应的语文能力训练落到实处。

下面这则教学案例便存在着主问题设计偏离语文课程教学需要、能力训练偏移至其他教学内容的弊病。

师：《氓》叙述的是一个古老的、至今还在无数次上演的生活事件：痴情女子负心郎。但是因为生活和人性的复杂，在家庭婚姻问题上，往往也有清官难断家务事之说。今天就让我们先把课堂变成法庭，一方面聆听女主人公的控诉，一方面为这桩三千年前的孰是孰非的公案作出属于你们自己的道德"判决"。

我们全班同学分为男生组和女生组。整个"判决"过程分为两个环节。

下面进入第一个环节：男生组是被告氓的代言人；女生组是原告弃妇的代言人。两个组各派一名代表陈词，讲出自己的身份、职业、性格、经历等信息。

……

师：下面我们进入文本学习的第二个环节。在第一轮的判决中，大家把批判的矛头主要指向了氓，并对其变心原因进行了简要的推测。的确，没有氓的变心，就不会有女主人公的婚姻悲剧。但是，仅仅把阅读目标定位于判谁有罪显然是远远不够的。下面请大家说说,我们的道德法庭还应该解决些什么问题呢?

……

从教师的两段陈述中,可以捕捉这样一些信息:课堂教学的预设核心目标是以《氓》为例探究人性的善恶以及形成婚姻悲剧的复杂社会原因;整节课的主问题是形成道德判决并探究对与错背后的诸多社会问题;落实主问题的核心教学方法是模拟法庭中的控诉与申辩。这样的教学安排,如果撇开《氓》的课程价值不看,则其在"围绕核心目标预设主问题""形成层层铺垫的问题串""舍弃不必要的文本信息"三个方面都有可圈可点之处。

然而,《氓》毕竟是一篇课文,不是游离于语文课程之外的独立文学作品。既然是课文,就不得不承载应有的课程元素。《氓》的课程价值不在于探究形成婚姻悲剧的复杂社会原因,那是历史学和社会伦理学的研究内容。作为课文的《氓》,最重要的能力训练点只能落在如何鉴赏以赋、比、兴为主要表现手法的四言古典诗歌上。这位语文教师舍弃了《氓》最重要的语文知识元素,也舍弃了以《氓》的鉴赏为例而传递给学生的鉴赏四言古典诗歌的相关技能,却抓住道德"判决"这一课堂主问题而开展系列性探究活动,显然有违语文教学的价值诉求。

小结 »

只有紧扣语文课程教学要求的课堂主问题,才能真正服务于学生的语文能力提升的需要。语文课固然无法绕开文本中的情感、道德、品质、价值观等信息资源,但只能将其视作语文教学活动的副产品,不能将其当作主体。让语文成为语文,首先是让语文课堂的主问题成为语文的主问题。

如何导入新课

上课犹如写文章，起承转合处，每一个环节都强调紧凑连贯。写文章的败笔之一是入题过慢。要么是一堆毫无意义的抒情议论，要么是与题无关的闲言碎语，云山雾罩中，看起来五彩缤纷，实则鲜有价值。

导入新课同样如此。"导"与"入"之间，"紧凑连贯"属于最基本的要求。导入新课固然可以有各种各样的方法与技巧，其价值却只在于用最适宜的"导"实现最理想的"入"。其中，"最适宜的'导'"，没有恒定的方法与规则，即使是完全相同的教学内容，学情不同，方法也必然不同。"最理想的'入'"，却有相对明确的要求：呈现学习目标，实现知识衔接，创设学习情境，激发学习兴趣，启迪学生思维，引起有效注意，奠定情感基调……

现实教学情境下，为数不少的导入设计未能顾及"紧凑连贯"的基本要求，更不用说"最适宜的'导'"与"最理想的'入'"的高层次需求。有些课堂只是将导入视为必不可少的教学环节，"为导而导"；有些课堂故弄玄虚，预设的内容与课堂教学缺乏必要的关联；有些课堂中声光电齐上阵，试图用视听结合的手段营造引人入胜的效果，却冲淡了文字本身应有的神韵。凡此种种都有违课堂导入的本真需求。

一、瞄准课时目标，明确学习任务

导入二字中，导是先锋官，入是主帅。导的价值，在于开辟一条抵达前线的最佳路径，让"入"这一主帅迅捷而有力地占领教学的主阵地。

一些名师借班授课时进行的课前活动，算不得导入。比如钱梦龙先生让班长和课代表介绍班级学情，比如窦桂梅老师让学生高呼"我真棒，我真的真的很棒"。那些活动，目标并非指向课时教学内容，而是在于联络师生情感，为下文的有效导入服务。

真正的导入，是课的起点，是直接瞄准了课时教学目标而展开的第一个教学活动。清晰的目的性和明确的指向性，是检测这一起点是否有效的两把尺子。

下面这三则导入语，都符合这两把尺子的标准。

示例一：

师：通过上节课的学习，我们进一步了解了《诗经》的有关常识，疏通了《氓》这首诗在理解上的文字障碍，复习了我们在初中阶段就已经学习过的比兴手法，也掌握了《诗经》作为四言诗的朗读节奏。今天我们将进一步走进诗歌的深处，跟随着女主人公，走入那个遥远的时代，去聆听她哀怨的倾诉，去思考造成她婚姻悲剧的深层原因。

——《氓》（第二课时）课例赏鉴，《语文教学通讯》2016 年第 7—8 期

该导入技法，属于课堂导入中最常见的转述和通知法。其基本结构为"上节课我们学习了……，这节课我们重点研究……"这样的导入虽简单，却既回顾了上一课时的学习要点，又明确了本课时的学习重点，符合导入规则。

示例二：

师：一轮落日，点燃了大漠的雄伟壮阔；一湖幽泉，涤亮了梭罗的个性

人生；一管洞箫，吹奏出流传千古的文学杰作；一声狼嗥，勾连起永恒的生命思考。那么，一声鸟啼呢？一声鸟啼，能够激发出什么样的人生思索？今天，咱们共同欣赏劳伦斯的散文《鸟啼》。

此则导入，前几个句子既是对前几节课所学课本《西地平线上》《神的一滴》《赤壁赋》《像山一样思考》的高度概括，也在并举中暗示了今天要学内容的主要意义。后几个句子则直接点明今天所学的课文《鸟啼》，同时提出了学习的主要目标。

示例三：

师："小荷才露尖尖角，早有蜻蜓立上头"，"荷"在杨万里的笔下，寄予了他对大自然盎然生机的赞美；"明月几时有，把酒问青天"，"月"在苏轼的笔下，承载了他对亲人的思念。那么，在朱自清的笔下，荷塘月色向我们传递出怎样的情思呢？今天，就让我们一同走入《荷塘月色》。首先请大家看一下本课的两个学习目标：（具体目标略）

——《荷塘月色》课例赏鉴，《语文教学通讯》2016年第7—8期

此导入的前两处引用，貌似旁逸斜出，实则指向清晰。有此两句，便是告知学生，学习《荷塘月色》应关注朱自清笔下的"荷"与"月"中凝聚的独特情感体验。

下面这两个例子，则有违上述两把尺子的导入标准。

示例一：

师：20世纪90年代，一个春天的黎明，一位70岁的老人用摄像机记录下了英国林地动人的一幕。

（播放视频剪辑《鸟啼》）

这是BBC纪录片《飞禽传》（1998）中的一幕，该片由英国著名科学家、BBC主持人及创作人，被誉为"世界自然纪录片之父"的大卫·艾登堡花费了3年心血精心制作而成。他说："在我看来，自然界是澎湃激情最

大的源泉，是视觉之美最大的源泉，是智慧兴趣最大的源泉。她是一切丰富壮丽的生命之源，正因如此，她让我们的生命值得体验，不枉此生。"这是大卫从大自然获得的感悟。那么英国作家劳伦斯又从自然界中获得了怎样的生命体验和智慧启迪呢？让我们一起来学习哲理散文《鸟啼》。

——《鸟啼》课例赏鉴，《语文教学通讯》2016年第7—8期

此则导入中的视频资料和相关陈述，既未能体现《鸟啼》"向死而生"的主题意义，也未能借助视频资料展示出从自然界中获得"生命体验和智慧启迪"的路径与方法。导入材料设置的目的性和指向性都偏离了《鸟啼》这篇课文的学习内容，且对文本资料形成了不必要的信息干扰。

示例二：

师：同学们好，说到法国你会想到哪个城市？

生：巴黎。

师：有同学去过巴黎吗？（个别同学举手）好，大多数同学是没有去过的，是吧？没关系，在今天的课上，咱们节约成本，以最低的付出来一次巴黎之旅。同学们，我们先一起来观看一个短片。

（教师播放法国著名电影《巴黎，我爱你》的开场桥段，由学生对巴黎的印象导入，最终将画面聚焦在埃菲尔铁塔。）

师：同学们，在刚才短短的几十秒的短片中，我们都看到了巴黎的哪些景物？

生：凯旋门、塞纳河、卢浮宫、埃菲尔铁塔……

师：那画面最终定格在哪一个景物上？

生：埃菲尔铁塔。

师：同学们，刚刚我们看的那段影片是法国著名电影《巴黎，我爱你》的开场桥段。影片将最终的画面定格在埃菲尔铁塔，可见埃菲尔铁塔在巴黎这个城市的象征意义。

（投影展示埃菲尔铁塔的相关图片）

同学们，看了这么多关于铁塔的视频和图片，现在的你是不是对埃菲尔铁塔充满了想象与思考？我国当代文学作家张抗抗女士有一篇散文《埃菲尔铁塔沉思》，那我们今天就借这篇文章一起走进埃菲尔铁塔。

——《埃菲尔铁塔沉思》课例赏鉴，《语文教学通讯》2016年第7—8期

该导入绕了如此大的一个弯子，只为了告诉学生"埃菲尔铁塔是巴黎的象征"这一小学生都知道的事实。展示一组图片后，教师便想当然地得出"充满了想象与思考"的结论，显然是为了生拉硬拽出《埃菲尔铁塔沉思》这一文题。这样的导入，置基本的逻辑于不顾，看似热闹，实则离题太远。

> **小结** >>
> 从教学目标的落实而言，好的导入不但能够向学生传递出清晰的学习指令，而且可以打通过去所学与本课时所学之间的意义关联，为下一环节的新课教学确立明确的路径方向。差的导入则人为制造诸多的干扰，让原本可以直接明了传递的信息变得含糊不清，让学生不知老师的葫芦里卖的是什么药。

二、引起有意注意，创设学习氛围

相当多的老师，将趣味性当作导入的首要法宝，这本无可非议，然而，趣有情趣与理趣之分，倘若只追求话语的幽默、故事的精彩，却忽略了哲理的深邃、知识的厚重，那么，这样的趣味性导入，一旦不能直接服务于课时教学内容，势必也就成了哗众取宠的噱头。

作为课的起点的导入，不排斥趣味性，也不排斥其他各种导入技法，只是，所有的趣味性活动，都只能用以引起学生的有意注意，只能用以创设必要的学习氛围。

且看下面两则导入示例。

示例一：

（投影"韩国小姐"参赛选手连连看的图片）

（生笑）

师：这个小游戏，因选手"撞脸"而设计。生活中有撞脸，我们的写作中也有。一起来看看这段文字，你们会想到谁？

（投影）

他，个子不高，中等身材。头发短而硬，露出额头。眉毛很粗而且浓密，鼻梁很挺，眼睛不大但是有神，目光深邃，看着远方。

生：我想到了周恩来总理。

生：我怎么觉得写得像我爸爸。

（生笑）

生：我觉得是鲁迅。（大半学生点头认同）

（投影鲁迅肖像）

师：看来，大部分的同学都觉得这写的应该是鲁迅先生。可是呢，这段文字描写的是你们班主任李老师。（生惊讶，继而大笑。）

（投影班主任李老师照片）

师：明明是完全不同的两个人，却有了同一张面孔，这不也是"撞脸"吗？"撞脸"使得每个人自己的特色都模糊了，分不清楚谁是谁，这肯定不是好事。我们在作文中写人，更要讲究"千人千面，各个不同"。所谓"人性光辉"，首要的便是写出一个独特的人。写人的方法有很多，肖像描写是其中非常精彩的一环，如何用鲜活的肖像描写让人物从茫茫人海中跳脱出来，让人过目不忘，印象深刻？这节课我们一起来探讨。

——《写人要凸显个性》课例赏鉴，《语文教学通讯》2016年第7—8期

示例二：

师：法国一名记者写了一本书《主流：谁将打赢全球文化战争》，书中

描写了一间美国好莱坞老板的办公室：他的办公桌上放了三个座钟，指针分别调在"日本时间""中国时间"和"印度时间"。作为影视界的大哥，好莱坞为什么还要盯住其他国家的时间呢？

（生眼神有光，心生疑惑。）

师：通过今天这节课的学习，我们可以从中找到答案。这就是我们这节课要学习的一篇传统的经典课文——鲁迅先生的《拿来主义》。

——《拿来主义》课例赏鉴，《语文教学通讯》2016年第7—8期

这两则导入，相同点在于都借助一定的材料，迅速吸引了学生们的注意力。不同点在于：示例一的材料与活动，既充满了趣味，又紧扣了课时学习的重点内容，在笑声中创设出良好的学习氛围，顺利实现了用最适宜的"导"而实现最理想的"入"的预期目的。示例二的材料，虽吸引了学生的注意力，但和《拿来主义》这一文本的学习无关。如果有学生对这个问题急于获取答案，则极有可能在紧随其后的新课学习中，依旧将思维纠缠于"好莱坞为什么还要盯住其他国家的时间"这一问题的解答上，而不去关注《拿来主义》的学习内容。

由示例二暴露出的问题可以发现，用作导入的材料一旦和课时学习内容缺乏紧密的关联，则材料越生动，越是能够引起学生的有意注意，也就越会对进入新课后的学习活动产生干扰。

小结 >>

导入与吸引注意力之间，还存在着一个更重要的内容：课程！好的导入，是将学生的注意力吸引到语文课程的学习内容中。坏的导入，则是将学生的注意力转移到了本课时需要学习的内容之外，为教学增添了一份干扰源。

三、激发学习兴趣，唤醒阅读渴望

"吊胃口"也是新课导入的一种常态化技法。此种导入，需要挖掘出教学内容中最容易激发学生的学习欲望的相关元素，用适宜的形式，激活学生心中蛰伏的阅读热情。

下面这则示例，就充分利用了一句评价性话语，激活了学生学习该篇课文的欲望：

师：今天我们学习说明文单元的最后一篇课文《松树金龟子》。先给大家上"课前开胃菜"——

（请生讲小学课文《装满昆虫的口袋》，回忆法布尔的故事。）

（屏幕显示）

中国读者读《昆虫记》，其心智不仅透着《天工开物》与唐诗宋词般的聪敏灵睿，而且透着《周易》与《诗经》般的浑厚幽深。

（生读）

师：同学们从这句话中看出《昆虫记》有什么特点？

生：《昆虫记》跟《天工开物》一样有趣，充满智慧。

生：《昆虫记》还很有文采，跟我们的唐诗宋词有得一比。

生：《昆虫记》还很神秘，《周易》就很神秘啊。

生：《昆虫记》居然同时具有那么多中国经典的优点，不可思议！

师：老师也觉得不可思议啊！今天咱们就来欣赏欣赏《昆虫记》中的一篇《松树金龟子》。

——《松树金龟子》课堂实录，《品课（初中语文卷001）》，教育科学出版社

示例中，借助直接呈现和对话，学生已得到了"智慧""神秘""不可思议"等诸多心理暗示。有了这样的暗示，接下来的文本阅读便有了情感基

础。学生们便会对新授课内容充满了期待。

运用此种导入技法时，紧贴教学内容是关键。倘若选用的材料与即将进行的教学无必然关联，或者虽有关联但绕了很大的弯子，便都无法达成预期的效果。

下面这个示例，便存在着导引材料和教学内容脱节的问题：

师："黯然销魂者，唯别而已矣。"离别是这个世界不停在上演的剧情：与朋友别，"挥手自兹去，萧萧班马鸣"；与爱人别，"执手相看泪眼，竟无语凝噎"；与父母别，"临行密密缝，意恐迟迟归"；与儿女别，"眼枯即见骨，天地终无情"……古人云："悲莫悲兮生别离，乐莫乐兮新相知。"在我们的生命中，一直饱蘸着离别的泪光。

而古人可能对离别比我们有着更深的理解，在那样一个交通、通讯不发达的时代，时间与空间给他们带来了多么刻骨的思念，又给我们留下多么动人的诗篇。今天，我们一起来读一首写离别的短诗，体味这种离情惊人的悲剧美。

——《涉江采芙蓉》课例赏鉴，《语文教学通讯》2016年第7—8期

这个导入，读起来很美，很有意境。细加品味，也能够从诸多类比材料中激发出对即将学习的诗歌的好奇之心。然而，这样的导入，并非形成文字提供给学生反复咀嚼，而是教师在授课之初用口头表述的方式传递给学生，于是问题便产生了：学生需要时间消化这一连串的诗歌，需要对这些诗歌有较为深刻的理解，才能激发出对即将学习的诗歌中独特情感的探究欲望。但是，实际教学中教师并不会将这消化吸收的时间"赐予"学生。

更严重的问题是，该导入语绝非只为《涉江采芙蓉》这首诗歌量身定制。此则导入语，用在一切以"离别"为主题的古典诗歌中，似乎都完全切题。即使用到以"离别"为主题的现代散文、小说和剧本的教学中，也只需对第二段的文字稍加变动。如此"万能"的导入，又如何能够将"清晰的目的性和明确的指向性"传递给学生。学生当然也就不会因为这样的导入而渴望着探寻即将学习的课文的情感秘密。

> **小结** »
>
> 导入需要唤起的是学生的阅读渴望，不是教师的表达渴望。教师的学识展销或自我陶醉，多数情况下只能让学生成为喝彩的观众，并不能使其成为活动的主角。所以，导入必须紧扣学习内容而激发好奇心，必须瞄准具体的教学任务。

四、巧设认知障碍，激活课堂思维

最初接触课文时，大多数学生对文本的阅读和理解，只会停留在浅阅读的层面。如果能够在新课的导入阶段，便巧妙地设置一定量的认知障碍，将学生拉入对文本相关问题思考探究的思维困境中，迫使其急于从文本中寻找到相关的解答，也是一种十分高明的导入技法。

在异地执教杨绛的散文《老王》展示课，我问学生是否喜欢这篇课文，学生们异口同声地回答：不喜欢！如何让他们由不喜欢转变为喜欢呢？我设置了这样一个导入：

同学们不喜欢这篇课文，可能是因为对课文读得不够仔细。不信的话，我考大家一个问题，就能检测出书读得细不细：老王叫什么名字？

没有学生能够回答出这个问题。于是，所有的学生开始翻书。先从课文中找，再从课下注释中找，最后从课后练习和教辅资料中找。但都一无所获。

看着学生失望的神情，我又追问：

没找到名字吗？既然杨绛特意用一篇文章来写老王，怎么会不写出他的名字呢？你觉得是杨绛不知道老王叫什么名字，还是知道名字却故意不写出来？

有了这一追问，学生对这篇课文的思考便拉开了第一道大幕。原先的不喜欢开始转换为一探究竟的好奇心。

执教《将进酒》时，我也采用了类似的导入技法：

师：上课前，想和同学们共同探究一个问题：朗读和朗诵之间有些什么样的差别。哪位同学以前思考过这个问题的，能不能给大家说说？

（可能是问题比较突然，学生们没有回答，个别学生开始翻字典。）

师：我看见有同学开始查字典了，这是一种好习惯。学习语文，遇见了不认识的字、不理解的词，我们需要做的就是通过查字典来掌握它。请那位查字典的女同学给大家说说，字典上是如何辨析这两个词的。

生：朗读的意思是清晰响亮地把文章念出来，朗诵的意思是大声诵读诗或散文，把作品的感情表达出来。

师：谢谢这位女同学。你刚才介绍这两个词时，是朗读还是朗诵？

生：至多算朗读吧。我只是大声地把解释读出来，并没有表达出什么感情。朗诵是必须要把感情表达出来的。

师："朗诵是必须要把感情表达出来的"，说得太好了。没有感情，最多只能算是朗读。下面，我们开始学习新课。就让我们在琅琅书声中开始我们的新课。大家说，我们是该朗读课文呢，还是朗诵课文？

——节选自《将进酒》课堂实录，《追寻语文的"三度"》，教育科学出版社

我这节课的核心教学目标是引导学生诵读文本，如果一开始就安排朗诵，便只是在完成既定的教学任务，很难激活学生的学习思维。所以，我先安排学生辨析朗读和朗诵的差别，从司空见惯的词汇中提炼出陌生化的内容，如此也就激活了课堂思维，为下面的活动作了必要的铺垫。

值得注意的是，认知障碍的设置依旧必须贴紧教学内容且有利于激活思维的兴奋点，倘若问题不能激发学生的兴趣，便失去了应有的作用。这一点不但适用于有效设置认知障碍，而且适用于所有导入技法。总之，无论用何种方法导入新课，最终都还是要通过激活学生的思维而发挥价值。

小结 >>

　　认知障碍的价值在于从无疑处生疑，激发起学生的好奇心，激活其学习思维。这样的障碍从课程中来，向课程中去。既不能太多，也不能无法跨越，更不能把学生的注意力分散到教学内容之外的其他信息之上。

如何组织课堂活动

教学是一个过程，教学的过程由教学目标、教学内容、教学时间、教学环节和具体的教学行为等诸多因素组合而成。在这个过程中，不同的教师，从各自的认知经验出发，用他们认为的最有价值的方式，组织起各种各样的课堂活动，借以落实自己的教学计划，实现自己的教学目标。

然而，可以肯定的是，并非所有的教学活动都是行之有效的，都能够很好地服务于课堂教学。正如并非所有的道路都可以通往一个固定的方向。

那么，什么样的课堂活动可以被称为有效活动，什么样的活动可以被界定为低效或无效活动呢？

最根本的检测依据在于落实课程目标。我们知道，任何一个知识点、任何一篇课文，在其被纳入教材体系之后，都必然承担起对应的课程目标。日常教学中，无论教师采用什么样的方式从事教学，其最终的课堂指向始终是必须达成的课程目标。可以说，能够围绕课程目标展开的教学活动，就可以被视为有效的活动；反之，脱离了课程目标的活动，则无论多么精彩，也只能算作低效或无效活动。

当然，即使是围绕着课程目标展开的活动，也还存在着值得进一步探究的诸多问题。比如，活动中教师的驾驭度，活动中学生的参与度，活动中耗费的时间量，活动中问题设计的梯度，活动对于学生思维的开启度，活动中培养出的能力，活动对未来发展的影响力等等。在这些问题中，任何一个方面没有处理到位，都有可能使本该短时间内解决的问题占用了过多的学习时间，使原本浅易的问题复杂化，使能力培养无法落到实处……

一、如何发现真问题

所有的课堂活动都应围绕着具体的问题展开。问题既是串联起课堂的重要线索，也是内容呈现与能力培养的重要载体。

课堂上的问题，通常来源于四条不同的路径：一是来自学生在预习中的疑难之处，或者在课堂学习过程中的临时性发现；二是来自教师在备课中的个性化思考；三是来自各种教学参考资料中的预设，比如课后思考题和教辅资料上的相关试题；四是来自他人的教学设计或课堂实录。四者中，来自第一条路径的问题为课堂活动的根本。来自另外三条路径的问题，则是既服务于第一条路径的问题，又对这条路径中的问题起着修正前行的方向、拓展行走的宽度、延伸行走的长度的帮扶与引导作用。

基于上述认知，便可发现：教学活动中的真问题，首先必须来自学生对教学内容的思考。学生在自主学习或合作探究过程中形成的阅读困惑，通常也就是他们在教师教学过程中最为关心的内容。这些问题中的一部分应该也必然成为教学活动的核心问题。

比如，教学食指《相信未来》时，学生就通过预习发现了下面这些问题：

（1）为什么全文的主旨是相信未来？把握现在不是更好吗？虽然现在有很多困难，但只要坚定信念，勇往直前，就一定会有光明的未来。如果一味相信未来，每天只是空想，那生命的意义又在哪里？

（2）作者既然相信未来，那么，他心中一定对未来充满希望，他眼前所见的一切景物，即使是无生机的，在他眼中也应该可以从另一角度发现它们的美好。可是，诗人为什么说"在凄凉的大地上写下：相信未来"？

（3）美丽的东西千千万万，为什么要用"雪花"写下"相信未来"？我觉得用一种代表向上的美丽的东西写更好。

（4）紫葡萄是诗人的最爱吗？为什么是紫葡萄化成深秋的露水？

（5）"我要用手掌那托住太阳的大海"一句似乎不通，可否将"掌"改为"拍"或"击"？

（6）第三段的意象"排浪""大海""笔杆"好像和"未来"没有太大的联系，这段和前两段有很大差别，诗人为什么要将它们放在一起？

（7）"我焦急地等待着他们的决定"是否应该改成"我们对他们的决定将充满自豪"？这样可以主动许多。"我"为什么要焦急呢？

（8）为什么作者要用孩子的笔体写下"相信未来"？孩子的笔体和普通人的笔体有什么不一样吗？

（9）第五段中的"腐烂的皮肉"是否意味着作者认为当一切恢复正常，正义得到伸张时，他已经归于尘土？作者当时应该很年轻，这么年轻就觉得平反遥遥无期，是否太悲观了？

（10）为什么前三段的抒情主人公是"我"，后几段是"我们"？最后一句"相信未来"与"热爱生命"有什么必然联系？

此外，还有两则颇具黑色幽默色彩的疑问：

（1）"当蜘蛛网无情地查封我的炉台"是否表明炉台久无人使用，此处也可能就是无人居住以至于蜘蛛网也霸占着炉台？

（2）"当我的鲜花依偎在别人的情怀"证明我的花卖出去了，为什么还要凄凉呢？

受认知经验等因素的影响，学生在预习中发现的问题，与应该落实的教学目标之间难免存在分歧。对此，就需要发挥另外三条路径的帮扶与引导作用。教师需对来自学生的诸多问题进行必要的整合，筛选出贴近教学目标的相关问题，作为课堂教学活动的重点内容。其余问题则视其意义指向和难易程度，或在探究相关问题时由教师直接告知答案，或在课后师生单独交流。

在学生发现的问题之外，教师是否还应该预设一些问题呢？我以为，这个环节必不可少。教师预设问题时应遵循三个原则：第一要以学生发现的问题为着眼点，预设的问题是对学生发现的问题的纵深发展；第二要紧扣教学目标，紧扣语文学科的课程属性；第三要在学生的认知能力范围之内，至少应保证一部分学生"跳"起来便能"摸"得着。秉持了这三个原则而预设的问题，有利于将学生的认知引向更宽和更深。

小结 >>

真问题首先是符合教学目标、贴近学生的理解力、切合语文学科课程属性的。真问题的获得，以学生的思考和发现为基础，辅之以教师的合理预设。超越课程内容、超越学生理解力的问题，算不得真问题。

二、如何激活学习思维

形成了课堂活动中的真问题之后，紧随其后的教学任务，便是将这些问题依照"问题串"的结构特点衔接起来，搭建起富有梯度的思维台阶，由教师引领着学生逐级向上攀爬。在此过程中，迈出的每一步都应该来自学生的自身努力，而不是来自教师的生拉硬拽。教师的价值，只在于创设有效的问题情境，为学生的思维碰撞提供内容与时机。

最理想的课堂行走方式，是预设基础上的不断生成。在训练有素的语文课堂上，教师将归纳整理后的若干问题依照一定的教学进度渐次展开，学生则围绕着这些问题从多角度研读文本，寻找各种可能的答案。面对着不同阅读者在阅读中形成的个性化见解，其他学生能够从尊重的情感出发，既发现这些见解中的独特价值，又呈现出自身对该问题的另一角度的阅读感悟。如此，相互开启，彼此丰富，足以在最大程度上激活学生的学习思维。

大多数的语文课堂，不具备这样的学习情境。缺乏长效性规范训练的学生，很难在自主学习中发现有价值的真问题，更难以在一两分钟的课堂问答中敏锐地捕捉他人发言中的闪光点，并以此为依托，迅速形成自己的分析判断。此种学情下的课堂活动，便需要借助教师的引导与点拨，以浅层面的问题为起点，一步步将学生的思维引入自主阅读中不曾关注的文字时空中，让他们在看似熟悉的内容中苦苦寻觅，既承受山重水复的无路之困，又享受柳暗花明的妙悟之乐。

比如，教学《金岳霖先生》时，通过对文本内容的梳理，学生们觉得已经读懂了文章，了解了金岳霖先生这个"怪人"。这样的认知，显然缺乏思考的深度，未能真正走进文本的内核。为了引导学生真正读懂文本，我先后提出了这样三个问题：

（1）课文在写金岳霖先生之前，为什么要强调"西南联大有许多很有趣的教授"，教授们的"趣"体现在哪里？

（2）文章中为何要插入闻一多、朱自清的穿着？写闻一多的衣着时，又为什么要插入他大骂蒋介石的内容？这和金岳霖有什么关联？

（3）汪曾祺在时隔四十多年之后，为什么要写这样一篇文章？如果只是为了表达对金岳霖的尊敬与纪念，为什么不多挑选一些更具褒扬性的故事，而是只写一些看似鸡毛蒜皮的小事？

对这三个问题，大多数学生在自主阅读时不会思考到，但却与课文的作者意义紧密相关，决定着学生对文本的阅读深度。有了这样的问题的激活，学生的思维便开始走出文字的表层意义，向文字的内核挺进。

几乎所有的语文课堂上，都需要形成一些"陌生化"的问题。这是激活学习思维的关键。例如，教学《指南录后序》时，可以追问一下：文天祥为何要以死效忠南宋小朝廷？他真的是"愚忠"吗？教学《荷塘月色》时，可以追问一下：白天的荷塘会是一番什么样的景象？教学《雷雨》时，可以追问一下：三十年前的周朴园是个什么样的形象？教学《长亭送别》时，可以追问一下：在崔莺莺没有遇到张生之前，如果她听到了一个男女有私情的故事,她会作如何评价?……这些问题的出现,往往可以构成课堂教学中的另一扇窗,推开它,见到的便是前所未见的风景。

需要注意的是,激活思维的所有问题,都必须既关注思维品质本身,又关注语文教学的切实需要。当问题不能指向语文课程的内容时,问题与思维便都丧失了价值。

> **小结** >>
>
> 激活思维的第一步,是选准用以激活的问题。这些问题必须服务于语文课程,服务于语文学习思维。第二步才是激活的方法。"陌生化"是最具价值的激活技法,要在熟悉中发现陌生,教师必须对文本进行深入研究。

三、如何组织"生—本"对话

真正意义上的"生—本"对话,应该建立在学生能够在自主学习中发现真问题、能够从看似简单的文本中营造出"陌生化"学习情境的基础之上。这样的要求在现实的教学环境中几乎无法实现。退而求其次,课堂活动中的"生—本"对话,只能依靠教师的牵线搭桥,由教师提出某些具有思维挑战性的问题,引导学生从文本细读中寻找解读这些问题的证据,形成切合语文课程要求的思维认知。

此种打了折扣的"生—本"对话,往往被语文教师附加了较为强烈的功利色彩。教师在课堂上提出一个问题之后,总希望学生的回答能够切合考纲考点的要求,直奔标准答案而去,极少愿意花费大量时间,引导学生作发散性思维训练,从不同视角捕捉不同的解读意义。这样的课堂活动便沦为形式上的活动,无法培养真正的学习思维。

但也并不是说由教师穿针引线而组织的"生—本"对话,无法真正服务于语文教学和学生的成长需要。事实上,只要问题设计精巧,活动形式丰富，学生思考全面，"生—本"对话便能收到良好的效果。具体而言，需在课堂活动中落实好下述几方面工作：

第一，问题设计指向思维过程，而不是指向统一答案。教师在引导学生进行"生—本"对话时，应通过学生对思维结果的呈现，发现其问题思考的切入点和行走路径。在此过程中，教师应允许甚至鼓励学生从多视角思考问题，允许学生的思考偏离"标准答案"。只是，这样的允许与鼓励，不是不论对错的全部肯定，而是既允许、鼓励多角度思考，又对其思考切入点和行走路径中出现的偏差予以及时修正，帮助学生逐步学会理性思考。

第二，预留充分的活动时间，让每一个学生都真正"动"起来。当下的语文课堂上，语文教师时常在提出一个问题后，限时1分钟或2分钟时间给学生思考，然后提名两三个学生作答，便算是完成了一次对话活动。此种限时思考，倘若问题简单，无需细读文本便可获取答案，则思考便是"伪思考"；倘若问题有一定难度，必须回归文本寻求帮助，则时间便严重不足。故而教师在组织"生—本"对话时必须预留较为充裕的时间，让学生能够潜入文本之中进行寻找与思考。而在检测思考成果时，也应先组织起学习小组内的合作交流，然后抽查部分小组的合作成果。此举的价值在于保证每个学生都在活动中真正"动"起来。

第三，教师只做牵线搭桥者，不做评价者。"生—本"对话过程中，教师需隐藏自我，让学生静心阅读。而在结果呈现阶段，也要尽量隐藏自身的观点，让学生们放开去阐释。只有当各种思考都得到展示之后，教师才可以依照学生的思考成果，对该问题的应有切入点和思维路径作综合性点拨。在点拨中，教师不宜作简单的对错评价，应将思维梳理作为教学重点。

小结 >>

> 对话需要有共同关注的话题和对对方观点的深入了解。就语文学习而言，"生—本"之间的对话，就是要走进文本内核之中，探究作者的写作意图、写作技法和相关语文知识。这个过程，教师无法包办代替。

四、如何组织合作探究

语文课堂活动中的合作探究，绝非指向将几个学生围坐在一起讨论几道具体的练习题的低级思维活动形式。合作探究的根本目标，不在于求得统一的答案，而是为了激活思维，梳理思路，锤炼思想，为了将问题思考引向深入，使思维获得更广阔的空间。

要实现这样的合作探究目标，就需要仔细考量提供给学生们思考的具体问题。问题缺乏思维挑战性，每个学习者伸出手、踮起脚尖便摸得着，便无需合作探究；问题过难，几个人叠罗汉也摸不着，对当下的学习而言，也不必合作探究。真正适宜于合作探究的，只能是小组内成员通过相互启迪便可大体有所感悟的问题。课堂教学中，通过小组合作探究解决了（或者是激活了）这样的问题，便是满足了学生最近发展区的需要。

教学活动中的合作探究，应该满足下列五点要求：

（1）合作探究的内容具有较强的思维挑战性，不借助集体的智慧便无法顺利解决。这样的内容将迫使学生不得不查阅大量的资料，不得不静下心来静静地思考解决问题的各种方法，不得不耐心听取别人的观点。

（2）合作探究只是达成学习目标的具体手段，不是教学活动的根本目的。现在，很多的语文课倒置了二者的关系，把小组自主合作探究活动的形式多样化、气氛热烈化当作了教学目标，把需要合作探究的问题当作了营造课堂活跃氛围的道具。这样的小组讨论活动，哪怕如一场小品晚会般精彩热烈，也算不得有效的合作探究。

（3）小组内的每一个成员，都是同等重要的思考者。自主，需要每一个思考者都积极行动起来，尽其所能地搜集整理各种资料，为下一步的合作探究服务。合作，需要每一个成员都将自己的自主学习成果展示出来，供大家分享。探究，需要每一个成员都积极陈述自己的观点，想方设法说服别人接纳自己的观点；同时，又对他人提供的观点展开认真反思，在观点碰撞中，不断修改完善自己的观点。这样的合作探究，才能促进全体成员的共同提高。不至于让一部分成员变成演说者，另一部分成员变成听众。

（4）并非所有的探究内容，都能形成统一的结论。合作探究的过程，其实就是自我思维整理的过程。在此过程中，一部分容易形成客观答案的问题，能够在合作探究中得到集体的认同，另一部分具有思维开放性的问题，则重在探究思维是否缜密严谨。每一个自主学习者，只要能够在合作探究过程中，将自身思维完善表达出来，其他倾听者找不出漏洞，便应该接纳此种思维，使其成为自身个性化思维的必要补充。相对于形成统一答案的那一类问题，这后一种问题，往往对学生的健康成长更为有利。

（5）合作探究的过程，必然是运用旧知识推知新知识的过程。在此过程中，一切思考与探究，绝不能脱离了新旧知识的有效衔接，不能超越了学生的认知特点而展开活动。具体到语文教学活动中，就是要求本课时组织的合作探究活动，应以本课时或上几个课时习得的知识能力为基础。下一课时的活动，又以本课时的习得内容为基础。如此，每一次自主合作探究，都对既有知识体系进行了系统的梳理，活动越多，对重要信息的强化巩固便越多。切不可将探究内容设定为与当下所学无关的点。

小结 >>

合作是形式，探究是本质。合作探究的价值在于学会倾听，彼此启迪，共同提高。当下的教学改革中，合作探究被抬举到了接不了地气的半空，这是对合作探究的捧杀，必须引起高度重视。探究需要着眼于具体问题，而不是形式上的热闹。

如何介绍作者与背景

要想全面而深刻地解读一篇课文的丰厚意蕴，离不开对作者的志向追求、人生阅历、情感倾向、个性风格等内容的认知与探究，也离不开对作者创作该篇课文时的特定社会环境的分析与挖掘，还离不开对影响作者创作的多种主客观因素的综合性解析。此三点是解读文章的作者意义的关键。

语文教学中，这是一个无法省略的教学环节。只是，绝大多数的语文课未能正确处理好该教学环节的内容设置与呈现时机，致使语文教学中的作者简介和写作背景分析沦为教学流程中可有可无的摆件。相当数量的语文课，仅仅是为了教学环节的完整而对作者及写作背景作蜻蜓点水式的介绍。教师介绍得不用心，学生学习得更不用心。

"三度语文"在处理该教学环节上，主要采用的是"与作者对话"的方式。我们将这一方式称为"走进作者"，放置在"走进文本"教学环节之后。之所以做这样的安排，是为了暂时性摆脱写作背景与作者意义而"素读"文本，消解因写作背景和作者创作动因分析而带来的先入为主的阅读误区。

一、应该介绍的是什么

研读文本当然需要研读作者。文本研读中的作者研究，绝不是对"名、时、地、评、作"的简单罗列，而是对作者生命情怀的独特关照。所以真正意义上的作者介绍，重在解读出文字背后隐藏着的作者这个"人"。在"人"上加引号，只为了突出作者的自然人和社会人的属性，防止将"人"误作为特定的身份标签。

实际教学中，相当数量的语文教师受习惯性思维的影响，偏好于在进入新课后立刻对作者及创作背景作概况性介绍。此时的介绍，因为没有具体的文本内容作支撑，便只能停留在整体性概述层面，无法触及具体的事件和具体的情感。

比照下面两则教学实录的片段，便可发现其中的差别。教学内容都是《小狗包弟》。

案例一：

（1）初读文本，感知包弟。

（内容略）

（2）品读文本，体味情感。

（内容略）

（3）速读文本，走近作者。

师：一条小狗的命运始终牵动着作者的心，多年后，每当想起包弟他都心生歉意。他是一个怎样的人？为何能历经劫波之后勇敢地剖析心灵，倾吐心声呢？结合第10段，请同学们速读11—13段，读一读作者是一个怎样的人。请用下面的句式进行归纳：他是一个 _____ 的人。

生：他是一个善良的人。

生：他是一个敢于说真话的人。

生：他是一个勇于剖析自己内心的人。

生：他是一个有悲悯心的人。

生：他是一个真诚的人。

师：巴金先生从一个个汉字中慢慢站起，从一个个语段中向我们缓缓走来，他的形象丰满而伟大。他是现代中国为数不多的文学大师、思想家，他以丰硕的文学成果以及一生坦荡无瑕的高贵品质，向世人证明了爱心的价值、真诚的力量，这位"20世纪中国的良心"，用实际行动给我们写了一个大大的"人"字。2003年巴金先生被评为感动中国十大人物。下面我们齐读给他的颁奖词……

——《语文教学通讯》2016年第7—8期

案例二：

（1）导入新课，温故知新，了解背景。

师：今天我们来学习一篇新的课文。在学习新课文之前，先来温故。请大家翻到课本的35页，一起朗读我们在初中学习过的课文《日》。

（生朗读）

师：《日》这篇散文写于1941年，正值中华民族遭受日寇侵略的时期。作家巴金以笔为枪与人民一起抗争。四十年后，20世纪80年代初，当我们的民族刚从"文革"中走出来的时候，巴金已是年逾八旬的老人。他以笔为刀解剖自己唤醒民众，写下了著名的散文集《随想录》。在《随想录》的序言中，他这样写道："我的心燃烧了几十年，即使有一天它同骨头一样化为灰烬，灰飞中的火星也不会给倾盆大雨浇灭，这热灰将同泥土掺和在一起，让前进的脚带到我不曾到过的地方。"

《随想录》的发表引起巨大的社会反响。今天我们就一起学习其中的一篇。

（板书：小狗包弟）

——《语文教学通讯》2016年第7—8期

案例一中，教师引导学生先研读了文本，感知了形象，体味了情感。在此基础上，再从文本的具体内容中归纳提炼有关作者的多方面信息，最后教师适量补充与文本阅读具有紧密关联的拓展性信息。这样的教学安排，以学情为基础，以文本为着力点，传递给学生的信息，既能够加深对文本内容的深入理解，又能够激发学生对作者的敬仰之情。这样的"走近作者"，与"三度语文"主张的"走进作者"有异曲同工之妙,都是采用了"与作者对话"的活动方式,也都是在对话中汲取了精神养分,加深了对文本的理解。

案例二的设计便存在较多问题。旧课的复习与新课的教学之间,除了同属一个作者,再无其他价值。更重要的是,有关巴金、《随想录》创作背景以及序言文字的引用,仅只为了吊起学生的阅读胃口,并未和文本阅读建立必然关联。如此,该环节的所有内容便都显得多余。幸好这位老师在此处没有介绍巴金的"激流三部曲""爱情三部曲"等代表作。要是那样的话,就更莫名其妙了。

> **小结** >>
> 作者简介和写作背景介绍重在服务于理解文本内容。教师介绍的内容,如果与文本理解没有关系,则这样的介绍便毫无价值。如果与文本有一定的联系,但未能放对位置,脱离了具体的教学情境,则这样的介绍同样缺乏价值。

二、应该如何介绍

理性的作者情况介绍和写作背景介绍,必然服务于文本的解读需要,服务于学生的学习需要和情感浸染需要。要实现这些目标,就必须将相关简介纳入文本解读的过程中,使其成为深入理解文本的必不可少的工具。

下面这则教学片段,就较好地运用了作者简介的内容,帮助学生深化了对文本意义的理解:

师:咱们用了一节半课的时间,赏析了作品的语言。下面总结一下,看看这篇短小的散文,表现了一个什么样的主题。同座位研究研究,用规范的语言概括。

（内容略）

师：两个人的概括角度有些差别，不过，都捕捉住了"细腻"这个征兆。我们知道，一切景语，都是情语，下面，我们一起了解作者的相关情况，看看作者为什么要写作这样的文字。

（PPT展示）

德富芦花，1868年出生于一个贵族家庭。其母笃信基督教。少年时受自由民权运动熏陶。1885年皈依基督教。成年后，大量阅读外国文学作品，接受了托尔斯泰的和平思想和歌德的浪漫主义诗歌。主张尊重自然，崇尚人类和平，宣扬人道主义。

德富芦花生活的时代，正是日本明治维新后经济飞速发展，国力日趋强盛的年代。大变革带来的是人的灵魂的功利化和世俗化。尤其是甲午战争爆发后，国家主义思想蔓延，战争的狂热，改变着相当一部分人的人生价值观。在这样的社会背景下，德富芦花重拾起日本文学一向就存在着的对大自然的热烈歌颂的传统，将自己的关注点，投入到比人永久得多的大自然中，试图在对自然的讴歌与赞美中，获取内心的平衡与充实。

师：了解了作者的相关知识后，再品味文章的主题，有没有什么新的发现？

生：我觉得，从作品中的景物和情感看，作者似乎很矛盾很痛苦。

师：怎么说？

生：作者似乎努力想让自己的心静下来，但好像又有什么因素，总让他无法静下来。

生：我觉得，作者可能是想借助自己的文章，让所有的人，都跟自己一样尊重自然，崇尚和平，但他又做不到，所以，很郁闷。

师：你这观点很新颖呀。作者写出文章，当然想别人理解和接受。别人不买账，就郁闷，所以，文章就有了一种淡淡的忧伤了，是不是？

生：我认为是。

师：嗯，我也认为是。

（生笑）

师：我总觉得这篇文章中，存在着许多我们还没有读明白的东西。这些东西，可能在各种教学参考书中，都还没有写到。时间关系，不做过细研究了。有兴趣的同学，将来进入大学后，再进一步探究，或许，就是一篇毕业论文噢。

——《晚秋初冬》课堂教学实录，《追寻语文的"三度"》113—114页，教育科学出版社

从教学环节的安排而言，将该片段置于反复阅读文本内容之后，目的在于引导学生"知其所以然"。从内容设计而言，PPT展示的信息，不是为了提供死记硬背的静态信息，而是为了帮助学生更好地探究作品的主题意义。从课堂活动结果而言，随后两位学生的发言，也印证了此处介绍的开启思维的价值。

由此片段可见，要想让作者介绍与写作背景介绍在阅读教学中最大限度发挥作用，除了要精选介绍的内容之外，还要把握好呈现的时机，要让这些介绍切实发挥开启学习思维的作用。如果教师想要告知学生的内容，与学生的学习需要缺乏关联，则那些内容无论多生动多丰富，对该文本的学习都是无用的。

> **小结** >>
>
> 学生刚接触课文时，思维尚未开启，困惑亦未形成，介绍作者和背景，不会起到答疑解惑的功用。只有当学生的思维出现停滞时，在没有了背景支撑和情感支撑便无法正确解读文本时，这样的介绍才能发挥作用。以"走进作者"取代"作者简介"，原因正在此。

三、在对话中体察灵魂的高贵

当我们以"走进作者"的姿态探究文本的创作背景、创作动机时,作者便"活起来"。"活起来"的作者,便可以同学生进行对话,可以利用具体的文字,向学生倾诉自己的价值诉求与喜怒哀乐。如此,学生们才能从前贤的文字中接受情感的熏陶,感受伟大灵魂的精神开启。

如何利用对话的形式,引导学生了解作者的相关情况和文章的写作背景呢?下面这个片段,可作示范。

师:我在备课时,有几个小困惑。罗素这么一个伟大的思想家、哲学家,他渴望了解人的心灵很好理解,他为什么还希望知道星星为什么闪闪发光呢?你说说看,星星为什么闪闪发光呢?

(此处教师和学生间有多次互动,限于篇幅,略去。)

师:那也就是说,这个段落的三个句子,体现的就是罗素试图了解人类、自然和社会这三方面知识的努力。其中,"星星为什么闪光"和"毕达哥拉斯的思想威力",都仅仅是一种修辞——借代。以部分代整体。

PPT介绍毕达哥拉斯和毕达哥拉斯学派。(略)

师:对人类自身、对自然知识、社会知识的永无止歇的追求,构成了罗素生命中最重要的一份工作。这份工作耗用了他一生中的绝大多数时光。但罗素却说,这方面我获得了一些成就,然而并不多。罗素的成就真的并不多吗?我们共同欣赏一下。

PPT展示罗素的相关简介。(略)

师:罗素的这么多头衔,分一个给你,你就满足了吧?

(众生笑)

师:一个人,在这么多的学术领域内建立起不朽的业绩,却说自己只是"获得了一些成就,然而并不多",这种精神,实在值得我们铭记心田。印度大诗人泰戈尔说，我们最谦卑的时候，才最接近伟大。一个伟大的灵魂，必定有他伟大而宽阔的胸怀，所以，当罗素面对自己已经取得的如此成就时，他的谦逊，正是一种人格魅力的最好写照。罗素这种谦逊的品质，既值得我们学习，也值得我们思考。记得一位哲人说过，人的认知就如一个圆，拥有的知识半径越大，接触到的未知世界也就越丰富。从这一点来说，罗素说他的科学研究只获得一些成就，又可以算是一种客观。

……

师：第四段中，有个重要的词语：嘲讽。"所有的苦难，是对人类应有生活的嘲讽。"我们知道，每一个思想者，在不断追求真理的过程中，其追求的本质，就是人类应有的生存方式。人类应该依照一种理想的方式生存，但却总难做到。正因为做不到，所以需要努力。这种努力，往往需要付出非常惨痛的代价。罗素为了实现自己的大爱情怀，为了追求对人类苦难的深切同情，他一辈子不断挣扎不断呐喊，曾经先后两次坐牢，但始终没有放弃自己的理想，总是用一种悲悯的目光凝视着人类，反对战争，反对独裁，追求世界和平。即使到了晚年，还和爱因斯坦一起，成立了一个禁核运动组织，四处奔走呼号。他还创立和平基金会。直到他98岁高龄逝世的当天，他还为中东战争给人民带来的灾难而忧心忡忡。也就是说，罗素始终是一个心中装着大爱情怀的人，这种大爱，构成了他生命的全部价值。

——《我为什么而活着》课堂实录，《追寻语文的"三度"》255—257页，教育科学出版社

该片段中教师陈述的相关内容，建立在与学生对话、与文本对话基础之上。其目的在于将资料上的静态化信息，转化为能够唤起学生情感共鸣的精神养分。实现这一教学目标的前提，是学生已经产生了对作者、对文本的强烈探究欲望。因为学生仅是借助课文注释中的信息，已对罗素这一伟大人物有了敬仰之情，结合了课堂活动中对文字的咀嚼，便更增强了此种情感。有了这样的情感支撑，教师的归纳提炼便有了着力点，学生便能够在心灵深处

接纳罗素,并乐意于像罗素一样追求情感的丰盈、知识的丰厚和道德品质的博大。

> **小结** >>
>
> 研究作者,不只是为了知晓其创作动因,更为了知晓其伟大灵魂,并以这样的灵魂感召青春的生命。语文教学在知识之外,离不开育人,语文的育人,不依靠生硬的说教,而是依托文字与形象。作者,就是诸多形象中最闪光的那一个。

如何进行课堂拓展

学习的过程是兼容并蓄、消化吸收的过程，是由此及彼、举一反三的过程。在这个过程中，任何一位称职的教师，都无法绕开知识的拓展这一教学环节。可以说，对拓展环节处理的好与坏，某种程度上而言，便是区分庸师与良师的试金石。庸师带给学生的，仅只是静态的知识；良师则善于借助精当的拓展将静态知识转化为动态的学习能力，并在这样的转化中同步完成对学生灵魂的雕塑。

当然，正如所有的教学活动并非全部有效一样，教师教学中组织的各样拓展迁移训练，必然存在着高效、低效甚至无效的差异。要想合理界定这些差异，就必须关注下面三点：

首先，拓展需具有明确的目标指向，能最大限度满足学生发展需要。这样的拓展，关注学生既有知识，开拓学生思维力，具有积极的建设意义。

其次，拓展需切近"最近发展区"的需要，适应此时此地的具体学情，它带给学生的必然是主动的投入、积极的探究、深入的思考、合理的建构。

第三，拓展需摆脱"少慢差费"的"沉疴"，而代之以"多快好省"的"健康"。这样的拓展，其知识信息应该尽可能的多，其新旧知识的衔接过渡要尽可能的快，其教学效果要尽可能的好，其教学时间应尽可能的省。

一、拓展，受制于教学需要

语文教学中的拓展，应遵循一个最基本的规则：凡是借助于文本细读便可解决的教学问题，就没必要进行拓展迁移训练。除非拓展迁移的内容，能将对核心问题的探究引向更为广阔的思维领域，且这样的思维训练不脱离该文本的教学目标，不脱离学生的具体学情。

基于这样的认知，便可发现，课堂教学中的拓展迁移训练，多适用于浅文本、短文本，而不适用于长文本或内涵丰厚的文本。长文本和内涵丰厚的文本，本身的信息已经极为丰富，教学中尚需舍弃大量的内容，以利于突出教学重难点，彰显核心任务。如果舍弃了文本本身的信息，却在拓展材料上做文章，便属于典型的"不务正业"。

曹文轩的《前方》属于长文本，内涵也很丰厚。教学这样的课文时，教师便不宜作过多的拓展。某次大型教学活动中，一位特级教师执教该课时大量引入西方哲学的名言警句，用以拓展文本的思维深度。那节课听下来，一半的教师都跟不上授课节奏，相信绝大多数学生也无法理解拓展迁移的内容，更无法深入地理解课文内容。此种拓展，只能让听课者佩服授课教师的学富五车，不能让学生真正走进文本的内核。

下面这个教学片段，在拓展迁移上便存在着较为严重的问题。

师：同学们刚才的讨论很热烈。爱情是一个永远都值得讨论的话题，也是我们每个人今后都要面对的问题。站在不同的角度，看到的问题就会不一样，而且男女生也不同。也有人说全篇都是卫女在声讨氓，想要给氓平反，这是一种创新，我们可以尝试给氓写篇申诉词，以《诗经》四言形式表达自己的不同心声，欢迎同学们课下继续讨论。

刚才同学们对完美和不完美作了比较详细的解读和热烈的讨论，这里我就不再赘述。我想来谈谈最完美，既然谈到"最"，那就应该有比较才是，我们来看看《诗经·郑风·遵大路》里的弃妇。

（投影呈现诗歌、注释和翻译。此处略。）

这位弃妇是怎样的一个形象？和卫女有何不同？

生：面对男子的抛弃，这位弃妇是苦苦哀求纠缠不休。而我们的主人公卫女却是冷静反思，主动决绝，追求自由，反映了女性的自我独立意识。

师：《氓》中的卫女是世界文学史上第一位弃妇形象，几百年后，西方文学史上也出现了一位弃妇——美狄亚。美狄亚是科尔喀斯城邦国王的美丽女儿，爱上了前来夺取世界之宝金羊毛的伊阿宋，美狄亚真心去爱伊阿宋，并竭尽全力帮助他，后来伊阿宋自私自利，喜新厌旧遗弃美狄亚，这与《氓》是一样的。不同的是，《氓》中的卫女对负心男子只有怨恨，没有任何报复行为，而美狄亚得知伊阿宋变心后，烧毁了新娘，并且杀死了自己的两个孩子，目的是让伊阿宋断子绝孙。同样是弃妇形象，你更喜欢哪一位？

……

——《氓》课例赏鉴，《语文教学通讯》2016年第7—8期

这个片段，涉及两个拓展迁移的内容。探究其价值时，可先作反向思考：没有这两处拓展，学生对《氓》及卫女形象的认知是否会受到影响？此答案绝不会是"站在不同的角度，看到的问题就会不一样，而且男女生也不同"。因为两处拓展，都未涉及对卫女形象的深度解析，亦未对学生的学习思维产生足够的启迪。所列举的另外两个女子的故事，就算是讲述给一个不识字的人听，让其作出评价，也大致能说出与高中生相同的观点。

此种缺乏课程价值的拓展，为什么会出现在这节优质竞赛课中呢？理由或许很简单：教师作如此拓展迁移，是为了向评委和听课教师展示自己的阅读面。这就如学生写高考作文一样，明明可以不引用名家名言，但为了彰显阅读面，引起阅卷老师的好感，便引几个相对冷僻的名句到文章中。事实上，不作引用，道理或许说得更透彻；不作拓展，文本或许读得更深入。

> **小结**
>
> 为了展示教师才华而进行课堂拓展迁移的事儿,在公开课中几乎随处可见。这样的拓展,不但对学生的学习不构成积极价值,甚至会侵害了学生的学习思维。当学生被教师的拓展内容牵扯着"一路狂奔"时,真正的学习便被丢弃在遥远的身后了。

二、拓展,开启思维的钥匙

何种教学状态下,拓展迁移才能发挥积极的引领作用,帮助学生更好地理解文本呢?

最理想的拓展应当出现在学生的思维出现阻滞之时。当文本中的信息不足以为学生解开谜团时,适度引入拓展材料,为学生打开思维的另一扇窗,既有利于顺利达成学习目标,又有利于激活学习思维,培养良好的学习习惯。

下面这则《老王》教学片段,很好地落实了这一主张。

师:我要问的是,他们是关系那么亲近的朋友,为什么"我"居然不问?你认为是没怎么多问?

(师生交流,归纳出"没敢多问""没想多问""没有心情多问""没有勇气去问"。)

师:好。请坐。我们看当时的背景。当时的杨绛是个什么状态?他们生活的时代,是个疯狂的时代。杨绛作为一代才女,过的是什么日子呢?

(投影展示)

"文化大革命"爆发于1966年,那是中国的一个荒唐的年代。当时有很多高级知识分子受到了残酷迫害,钱锺书、杨绛夫妇此时也被打为"反动学术权威",戴高帽,挂木板,受批斗,剃成阴阳头,被驱到大街上游行,最后被发配去扫厕所……经受了漫长的苦痛折磨。

师：下面的文字是杨绛回顾"文革"岁月，你来帮大家读一读。老师给你配点乐。

（投影展示文字，PPT 内容略。）

师：中国历史上最美丽的女子，最有才华的女子，中国最高贵的家庭，代表着中国知识分子最高层次的家庭，他们当时就过着这样的日子。哪里唯独老王是活命的状态啊，杨绛以及他们一家人也是什么……

生：活命。

师：现在再回过头来，我们站在杨绛的角度，她当时没有问，也许，有很多原因。也许没有勇气问，也许没有时间问，也许没有胆量问，也许没有心情问，甚至没有体力问……孩子们，如果我们站在这个角度来看，杨绛该不该心安？那个时代，人与人互相背叛。妻子背叛丈夫，儿女背叛父母。就连杨绛和钱锺书的女儿，钱瑗，要回去看爸爸妈妈也要先把大字报贴了，说我跟钱锺书、杨绛在思想上彻底地划清界限，然后才能够回到家，去看自己的父母。而更悲惨的是，杨绛的女婿，钱瑗的丈夫，因为不愿意无辜诬陷别人，最后被逼得上吊自杀。同学们，就是在那样一个疯狂的岁月里，杨绛说，一定要给钱；就是在那样的岁月里，老王在去世前，把极其珍贵的香油和鸡蛋，也把更珍贵的信任和感恩要送给杨绛。但是，同学们，所有这些都不能够安抚杨绛的心。你猜一猜，我没有给你们上课文最后一段，86岁的杨绛回顾那段岁月，她是怎么样剖析自己的呢？看大屏幕，预备读！

（投影展示）

几年过去了，我渐渐明白：那是一个幸运的人对一个不幸者的愧怍。

师：孩子们，杨绛是幸运的人吗？她也是一个活命的人啊。当我们读到这个句子的时候，你看到一个什么样的女子？为什么她也活命，她却说自己是幸运的？为什么她还愧怍？你们现在也许还不会太懂。但有一天，你们会懂。

——特级教师王君《老王》课堂实录

当学生只能以自身的生活经验为依托而理解文本内容时，学生们对杨绛、对《老王》中厚重深沉的情感,对"一个幸运的人对一个不幸者的愧怍"这一关键句的理解,便都难以进入作者真正想要告知给读者的意义范畴之中。这时,教师利用拓展迁移引入背景介绍的文字,辅之以富有情感的归纳、提炼与点拨,便可以将学生带入全新的思维空间中,让他们更为理性、更为全面地理解文本。此种拓展迁移的有与无,决定着文本意义解读的深与浅,也决定着学生学习收获的多与少。

小结 >>

不愤不启,不悱不发。拓展迁移的运用,也应遵循这样的原则。拓展不是课堂的点缀,更不能是画蛇添足,而是在漫天迷雾中点亮一盏航灯,是山重水复处的通幽曲径。拓展的价值,只在于进一步开启思维。

三、拓展,把思考引向深入

语文教学中的拓展迁移训练,着眼点在于借助适当的拓展,加深对文本内容的理解。从教学环节安排看,可以在文本赏析过程中,结合具体的语段赏析而进行有限度的拓展,也可以在完成文本内容的鉴赏后,结合文本主题意义、艺术技巧等进行综合性拓展;从拓展内容上看,可以针对相关知识进行拓展,也可以围绕某种技能进行针对性拓展训练,还可以从情感陶冶、灵魂雕塑的角度进行拓展;从拓展形式上看,可以借助教师的预设内容进行拓展,也可以结合某项具体的学习内容,组织学生调动自身的生活经验,进行自主性拓展训练。区分的标准虽然各有不同,最终的目的却应该始终一致,必须指向学生思维品质的有效提升。

教学实践中,几乎所有的语文教师,都会对教学内容进行适当的拓展。只是,选择的拓展路径、方法和内容,却不见得都有利于学生的思维发展。例如,教学《装在套子里的人》时,很多老师在完成了鉴赏文本内容后,喜欢让学生找寻自身生活中的"套子",这样的拓展,对于加深文本内容的理解、培养综合理解并运用教材的能力,并不起积极的作用。因为学生所能找出的"套子",和文本中展示出的"套子",基本不属于同一概念。

类似的不当拓展还有很多。比如,教学亲情类文本,便花费大量的时间,让学生讲述亲情故事,直至让学生泪流满面,伤痛不已;教学科学类文本,便撇开文本体式的理解与鉴赏,将大量时间用到认识科学现象本身上……

合理的课堂拓展,应该建立在适时、适量的基础上,以激活思维、服务学习内容、加深课程内容的理解为宗旨。

例如,执教《荷塘月色》时,大多数的语文教师,只是抓住"荷塘上的月色"和"月色下的荷塘"进行赏析,我却另辟蹊径,适时地安排学生想象并比较"月色下的荷塘"与"阳光下的荷塘"的异同点。我这样做,理由很简单:要品读出《荷塘月色》中如梦如幻、若有若无的那份淡淡情思,就必须把握住作品中月夜景色的特征。我以为,这样的拓展,既可以加深对作品内容的理解,也有利于积累写作经验,提升鉴赏能力和写作能力。

在对比中,学生们很容易发现:月色下的荷塘与阳光下的荷塘,在具体的景物存在上,不会有任何差别,不同的只是视觉感受和由此而形成的联想与想象。"那么,阳光下的荷塘中,那些'袅娜地开着''羞涩地打着朵儿'的白花,是否同样可以比喻成'一粒粒的明珠''碧天里的星星''刚出浴的美人'呢?"我用这样的提问,帮助学生从意境营造、修辞格运用、作者情感把握等角度加深对文本材料的理解。

这样的问题开放度极大。有的学生认为可以进行这样的比喻,有的学生则认为,这三个比喻都与夜有着密切的关联,只适宜于比喻月色下的景物。经过讨论,当大多数学生都接受了后一种观点时,学生们就不仅学习了一个比喻句,而且学会了依照具体情境运用修辞,学会了结合具体语境赏析语言。

再如,教学梁实秋的散文《雅舍》时,在教学内容的最后部分,我作了这样一个拓展：假设地方政府对雅舍进行了修复，并将其开辟成旅游景点，你能依照课文的内容，为它写一则导游词吗？这个拓展，如果只提出这一要求，必然违背了"适量"的拓展原则，因为这个问题太大、太笼统，学生难以操作。要将这拓展训练落到实处，还需要将问题细化，降低训练难度，增强训练的针对性。我采用的方法是，以填空题的形式，将相关的关键词提供给学生，让他们分别围绕雅舍的自然环境、雅舍中寄托的情感和游客应该从雅舍中获取的精神养分三点进行归纳。从课堂教学实际看，该环节的拓展效果比较理想，形成了教学内容结束时的一个思维训练小高峰。

> **小结** >>
>
> 　　拓展，就是在原有的思维路径之外，再开辟出一条直通学习目标的路。之所以要做这样的事，是因为原有的那些路已难以发现风景，甚至难以抵达目的地。需要注意的是，这条新开辟的路，必须便于行走。倘若满是荆棘，亦无价值。

四、拓展，用生活丰富文本内涵

　　既然阅读的本质是对话，则阅读者就不能把自己放在看客的位置上，消极被动地接受文本中的各种信息，而是要将文本放置在自己的生活情境中，以自身的生活积淀、文化积淀和情感积淀为参照，借助文本内容与现实生活间的横向比较，与文本内容展开个性化的对话。这样的对话，既要关注个体的阅读感悟，又要关注文本中传递出的文化信息与当下文化信息的差异，不能只以个体的感性化认知，简单裁定作品的价值。

　　例如，指导学生赏析《老王》时，常常有老师进行这样的假设：如果你面对老王，你会怎么做。表面看来，这样的拓展，是将文本内容的理解和学生的生活实践联系起来，似乎有利于培养学生的同情心，有利于实现课堂教学的情感目标。实际上，这样的假设毫无意义。因为学生的回答，无法用真实生活进行验证。更重要的是，这样的拓展，还会影响到对文中的一个关键句"那是一个幸运的人对一个不幸者的愧怍"的理解。

换一个角度来建立文本与生活的关联，效果就不同了。比如，可以进行这样的拓展：两个摊贩在出售小商品，其中一个摊贩眉清目秀、衣着得体、笑语盈盈；另一个摊贩容貌丑陋、肢体残疾、沉默寡言。你会选择哪个摊贩购物？外出旅游，两个黄包车夫都想做你的生意，其中一个年轻力壮，另一个年老体衰，你会选择哪辆车？这两个拓展，虽然也是建立在假设的基础上，但这样的生活经历，大多数学生都拥有过，也就容易在类比中感受到老王的艰难，感受到杨绛一家的善良。在此基础上，也就容易唤醒情感上对弱者的同情、对善良者的理解与尊重。

由此案例可见，要想在鉴赏文本的过程中形成有效对话，就必须借助适当的拓展材料，积极创设生活情境、文化情境，在唤起学生情感共鸣的基础上，客观而全面地认知文本。"适当"的标准，在于语文课程的教学需要。凡是能够用以深化文本内容理解、帮助学生拓展学习思维的生活材料、文化材料，都可在需要拓展之时引入课堂活动；凡是缺乏思维挑战性、以道德说教为主旨的材料与活动，都不应该用作课堂的拓展迁移。

运用生活资源进行拓展迁移活动时，应尽量使用文字资料。必须选用图片资料或音频视频资料时，也要注意选择较少干扰源的相关信息资料。这样安排的目的，是为了让拓展迁移更好地服务于文本理解，避免无关信息带来的注意力分散，避免不当干扰对特定教学情境的破坏。这是拓展中的细节，但必须重视。

小结 »

以生活资源充当拓展材料，是"三度语文""走进生活""走进文化"的常用方法。这样的"走进"，是为了打通文本、生活与学生三者间的意义关联，使学生不再以局外人身份看待文本。此种拓展，在课堂活动中宜少而精。

如何实现长文短教

高中语文教材中，收录了一些篇幅较长、内涵丰富的经典文学作品。教学这类课文时，总会有一些语文同行，唯恐遗漏了文本中的某些"重要信息"，便采用逐段研磨的方式，试图将隐藏在文本中的所有知识都梳理出来，再通过一定形式的教学活动，让学生"完全"掌握。这样的想法，用心不可谓不良苦，教学效果却始终不尽如人意。究其根源在于，执教者未能确立明晰的课程目标意识，不了解一篇课文的教学目标绝非"多多益善"的道理。

事实上，无论是多么经典的作品，当其走入教材，成为单元中的一篇课文时，其无限丰富的文本信息，都必须转化为具体的教学资源，才能发挥示范引领的价值。而这示范引领又绝不是全无约束的自在行为，而是必须建立在成体系的能力训练的基础上。也就是说，即使是《林黛玉进贾府》《祝福》之类可以挖掘出无穷尽的意义的课文，实际教学时，也只需依照课程目标，将其承担的那部分课程价值提炼出来，作为学生学习相关知识的典范案例，便是完成了学习任务。其他非课程目标范围内的众多信息，均应主动舍弃。这种建立在课程目标基础上的主动舍弃行为，便是长文短教。

长文短教时，取舍是关键。所有的取舍，必须建立在体系化的课程目标的基础上，以服务于学生的学习需要为目的。把握住这一核心，则无论多大容量的课文，都可以用一两个课时，完成相应的学习任务。

长文短教，需落实下述四项原则：

一、立足课程目标，强化文本课程属性

从教学视角而言，进入教材的文学作品，必然呈现出作者意义弱化和课程意义强化的特性。因为作者创作一篇作品，原初意义不过是借作品中的人与事来表现社会生活画卷；教材选编一篇课文，则是要利用课文中的某些典范性知识，为学生提供优秀的学习范例。教师利用课文组织教学，目的不在于帮助学生了解作者说了什么样的故事、传递了什么样的思想及情感，而在于引导学生研习表达的技巧，鉴赏表达的效果，从课文的示范呈现中学习必要的语文知识和语文技能。

了解了作为文学作品的文章和作为课文的文章间的价值差异，便可以发现，长文之所以需要短教，就在于作为课文的这篇文章中众多的意义并不属于这个学段、这个单元的学习任务。对于任何一个课时的学习任务而言，一节课所要学习的知识点，通常只有一两个，学生们借助课文完成了这些任务，便是完成了课程目标。

比如，《祝福》这篇小说，隐藏在故事中的意义极为丰富，但它作为课文的教学意义却并非无限丰富。通常情况下，《祝福》这篇课文，倘若只被用作人物形象塑造的范本而使用，则教师引导学生学习该课文时，只需抓住课文中动作、神态、语言等细节描写的内容组织思考探究活动，便能够完成预设的教学任务。至于《祝福》首尾两部分的环境描写的作用、祥林嫂身上的四条绳索等问题，如果没有纳入课时学习目标中，则无需花费大量教学时间进行研讨，甚至可以根本不做探究。

不要以为长文短教便是暴殄天物。当教学内容能够围绕课程目标而形成一定的知识体系时，越是想通过一篇课文便把各方面的语文知识都落实下来的行为，能够收获的教学效果往往越差。反之，把整个中学阶段需要掌握的语文知识分解为成体系的课时目标，让每一节课都侧重落实这有限的学习目标，则课课有所得，集溪流而成江河，反而更有利于语文知识的有序积累和

语文能力的稳步提升。

现行高中语文教材中，类似于苏教版主题单元式的编排形式，并未严格界定各文本应该承载的具体教学目标。语文教师围绕该类教材中的长文本组织教学活动时，就需要依照自身的整体性教学计划，自主确立每一个文本的具体教学目标。其中，追求文本教学价值的最大化，是合理利用教材资源组织起高效教学活动的关键。比如，苏教版教材中《林黛玉进贾府》被设置在"慢慢走，欣赏啊"主题单元内，而该单元到底需要落实哪些语文知识，培养哪些语文能力，教材并未予以明确地规定。如此，教师就必须在备课时合理预设该文本的教学目标，挖掘出文本中最适宜于高中学生学习借鉴的那部分教学资源，并设计出有序的教学活动，才能让该课文成为积累语文知识、养成语文能力的重要学习载体。倘若不对文本教学价值予以足够的审视，只依照课文的内容，跟着作者的行文思路一段一段赏析，则在有限的教学时间内，终究无法避免"面面俱到，则面面不到"的错误。

眼下的语文教学活动中，为数不少的语文同行，引导学生赏析文学作品时，偏好于将教学重心放在对文本内容的认知上。此种以"写了什么"为教学目标的教学设计，常常会将综合性语文学习活动演变为最简单的识记行为，如此，一篇长课文，少则三个课时，多则四五个课时，逐段梳理下来，都不过是在文本的最浅层面上做着最没学科教学价值的事。学生最终的收获，不过是知道了这篇课文的存在，知道了这个故事的相关情节，并粗线条认知了一个或数个文学形象，至于是否学会了谋篇布局的章法，是否学会了遣词造句的本领，是否学会了传情达意的手段，则多要看学生自己的悟性和课后投入的思考时间。这样的长文长教，少慢差费，无法避免。

> **小结** »
>
> 任何时候，课程意识都是决定文本教学内容取舍的关键元素。心中有课程，则取舍便有了依据，有了底气。心中无课程，则总认为每一个内容都重要，对每一个知识点都想在课堂上进行强化训练。教学内容取舍恐惧症的病根，就是课程意识的丧失。

二、找准切入点，牵一发而动全身

课程目标决定了长文短教"教什么"，使教学活动成了目标明晰的思维训练行为。在此基础上，"怎么样教"便成了探究的重点内容。很多时候，有了好的目标，却没有好的路径与手段，好目标最终也就丧失了应有的意义。

长文短教中的好的路径与手段，并无一定之规，而是因教师而异，因学生而异，因教学内容而异，因教学需要而异。这四个方面的因素，有一方面发生了变化，教学中的路径与手段，都应该呈现出对应的改变。

但这并不等于长文短教全无抓手，事实上，所有的长文短教，找准切入点，都是用最少的消耗收获最大的学习效益的最重要手段。好的切入点，足以牵一发而动全身；差的切入点，则只会形成不必要的干扰，空耗学习时间。

引导学生用一个课时学习《装在套子里的人》这一长文本时，我选择的切入点是"套子是什么？""（　　）把（　　）装在套子里？"前一个问题，学生能够从文本中归纳出一半以上的内容，后一个问题，则在最表象的意义之外，需要探究更多的意义。

由后一个问题，自然派生出下列"问题串"：

（1）装在套子里的"人"都有谁？

（2）别里科夫为什么要把自己"装在套子里"？

（3）别里科夫为什么会被装进套子里？

（4）其他人为什么会被别里科夫装进套子里？

（5）契诃夫想告诉我们什么？

（6）教材编者想告诉我们什么？

（7）当下文化背景下，如何看待别里科夫？

（8）学习《装在套子里的人》的现实意义有哪些？

这八个问题，由浅入深，环环相扣，既关注文本"写了什么"，凸显了文本的作者意义，又关注文本"怎么样写""为什么写"，强调了文本的编者意义和现实意义。

用一个课时学习选修课文《礼拜二午睡时刻》时，我的切入点是文本中的对比性细节。我依照预设的教学目标，将课文中的相关对比性细节找出来，按照由浅到深的认知次序，分别用"读一读""品一品""议一议""想一想"四张PPT片串联起文本的相关信息材料。借助这一切入，学生不但顺利完成了文本的自主性学习，把握了"写了什么""怎么样写"等细节性知识，而且在深入思考中探究了一些自主学习时视作难点的问题，以及一些未曾关注的问题。

比如，在"想一想"环节中，我预设了这样三个问题：

（1）作品为什么要塑造小女孩这一形象？
（2）将神父的身份置换成公墓管理员，是否可以？
（3）"就是上礼拜在这儿被人打死的那个小偷，"女人不动声色地说，"我是他母亲。"——这句话是否符合情理？客观陈述的背后藏了什么？

这三个问题，学生自主研习文本时，几乎无人会做这样的思考。但这三个问题，对于从更深层面上理解文本意义，却十分重要。在鉴赏细节时，这类问题，也都可以作为带动课文阅读理解的最佳切入点。正是因为有了这样的"主问题"以及由此而派生出的"问题串"，整节课的教学，才能始终紧扣预设的目标而开展，学生才能获取实实在在的语文知识和语文能力。

需要注意的是，教学的切入点，必须直接服务于具体的教学目标。任何喧宾夺主式的内容、哗众取宠式的手段，都只会影响教学目标的高效落实。

小结 >>

"短教"的价值，在于集中火力突破教学重难点，使训练更具体更扎实。要实现此目标，教师必须注意活动形式的精巧，要善于紧扣课堂主问题创设多种形式的课堂对话活动，把课堂真正还给学生。

三、突破重难点，让课堂充满智力挑战

长文短教之"短教"，强调舍弃冗余，直奔核心。为此，课堂上的一切活动，都必须紧扣课程目标而展开。然而，即使是被确立为核心教学目标的那部分内容，也并非所有的知识信息，都是学生不曾了解的。事实上，语文教材中的任何一篇课文，倘若只从"写了什么"的层面进行探究，则至少有80%的内容，学生可以通过自主学习而顺利掌握。

长文短教时，教师的价值正在于引领学生，对教学目标中的未曾深入理解的那部分内容进行集中性突破。这样的集中，有利于激活课堂的兴奋点，有利于营造充满智力挑战的思维场，有利于满足学生的多重学习需要。

苏教版必修课文《一个人的遭遇》是篇近万字的短篇小说，用两个课时引导学生学习该文本时，确立重难点至关重要。我把该课的基础学习目标定位为"学会借助细节描写表现人物内心的复杂情感"，把核心学习目标定位为"学会依照主题需要选择代表性材料"后，面临的最重要的教学任务，便是如何设计出高质量的"问题串"，在层层推进的思考探究活动中，全面激发学生的思考热情。为了达成这样的构想，我设计了这样一些教学活动：

细节赏玩。小说中有许多精彩的细节，需要在反复咀嚼中发现隐藏其中的深刻意蕴。引导学生读懂这些细节，不但可以更好地把握主人公的独特心理、更好地理解作品的写作主旨，而且可以更好地培养借助细节描写传情达意的写作能力。比如，开端处的"两年来没有受到过人的待遇""我的头好一阵习惯成自然地缩在肩膀里"等，就在丰富的潜台词背后，隐藏了战争对人性的扭曲的深刻意蕴。

情景再现。将小说中的某些细节，转换成连贯性的影视镜头，既需要学生对文本内容有深刻的理解，又需要有丰富的联想、想象能力，还需要有一定的谋篇布局能力。在教学活动中适当开展此项活动，对于突破重难点内容、挑战学习思维很有益处。例如，要求学生将"我走到我们一家住过的那

地方。一个很深的弹坑，灌满了浑浊的水，周围的野草长得齐腰高……一片荒凉，像坟地一样寂静。唉，老兄，我实在难受极了！"一段文字转换为一组连贯性的电影镜头，学生便能够在情景再现中从更深层面感受"我"内心的无限凄苦，也能够学会依照特定情境氛围选择景物、设计画面。阅读能力、思考能力、表达能力都得到了落实。

  对比鉴别。我在教学《一个人的遭遇》时，首尾两处，均将国内的战争文学作品引入课堂，同课文内容进行对比。尤其是引入了当下的所谓"抗日神剧"。借助一定的"问题串"，学生们在学习中了解了战争文学的写作目的差异，也了解了由写作目的差异而带来的选材组材的差异。这样的内容，学生自主学习时，基本不会关注。

  几乎每一篇长课文，都能够依照预设的重难点内容，设计出具有思维挑战性的各种课堂活动。这样的思维挑战，必须服务于教学目标的高效落实。当然，课堂上的思维挑战，需要由浅入深地展开，要遵循由已知到未知、由知之甚少到知之渐多、由孤立性思考到多角度思考的规律，切不可随意置疑，一味求大求深。

  值得强调的是，任何一篇长文，都会有一定量的超越课程目标之外的重难点信息存在着。这些重难点信息，同样会对学生全面理解该课文构成影响。然而，由于这些内容不属于本课时的教学目标，教师也就没有必要引导全体学生思考探究这类信息。对于确有兴趣进行深入思考探究的学生，不妨课余时间再作深入交流。

小结 »

  语文课堂上的智力挑战，以学生的既有知识积淀为基础，以具体的课时学习目标为导向，以激活思维的主问题为抓手，其最终的目标，只在于确立一种真正源自文本、源自课程的学习方式，用以满足学生的成长需要。

四、夯实语文能力，让语文成为语文

进入教材的长文本，有的以情节的精巧取胜，有的以主题的深刻取胜；有的擅长塑造典型环境中的典型人物，有的有意淡化故事情节，注重营造充满诗情画意的社会生活画卷……不同类型的作品，隐含的作者意义千差万别，承载的编者意义也不尽相同。且不说不同学段的教材中选录的文本，其荷载的教学目标存在着明显的差异，即使是同一册教材同一单元中收录的文本，在相近的课程目标的统领下，也应该拥有微观上的目标差异。正是这样的差异，让每一篇课文都具有了独一无二的语文学科教学价值。

人教版高中语文必修三第一单元，收录了《林黛玉进贾府》《祝福》《老人与海》（节选）三篇课文。三篇课文中，前两篇为讲读文本，后一篇为自读文本。从教材编写者在单元说明中预设的教学目标看，学生学习本单元的三篇课文，最重要的学习任务，在于"欣赏人物形象"，理清"情节、环境与人物的关系"，"把握人物性格的多样性和丰富性"；同时，"品味小说语言"，"把握叙述语言和人物语言的不同特点，体会人物的身份和性格特征，体会不同作者的不同创作风格"。

这一系列的学习任务，当然无需只借助一篇课文的学习便全部完成，事实上，要"体会不同作者的不同创作风格"，也只能建立在对三篇文章的风格都有思考和探究的前提下。而既然是"不同创作风格"，差异性便是研读文本时应该关注的重点。只有通过对三篇课文的风格对比，才能形成合理的结论。

至于其他几个方面的学习任务，也需结合教材的文本特性而灵活取舍。比如，《祝福》中的祥林嫂形象，就比《林黛玉进贾府》中的林黛玉形象更有个性；而《林黛玉进贾府》中"环境与人物的关系"，又比《祝福》更有特色。在人物性格的多样性和丰富性上，《祝福》中的人物，比不上《林黛玉进贾府》中的王熙凤更具代表性。在叙述语言和人物语言的个性化上，以现代白话文为主要语言表现形式的《祝福》，当然更具学习价值……

把这些特性梳理清楚后，便可以发现，要想让语文学习获取最大的效益，便需要依据课文的知识结构特征，合理定位不同课文的不同教学目标。比如，教学《林黛玉进贾府》，便以"环境与人物的关系"和"人物性格的多样性与丰富性"为教学重点，舍弃其他的知识信息；教学《祝福》，便以"人物形象塑造的方法"和"小说语言的个性化"为教学重点，舍弃其他的知识信息。做到了这些，长文短教，便教出了语文学科的特有味道，让语文成为语文了。

如果把上述所有教学任务，全部纳入《林黛玉进贾府》中，则可以发现，古白话的语言，无法成为当下学生学习的语言的典范；林黛玉的形象，在该文本中也显得过于单薄，缺乏丰富性。与其花费时间和精力去赏析并不经典的案例，不如干脆舍弃了它，留到下一个更具典范性的文本中，再作重点研讨。

当下的语文教学实践中，有一种现象值得警惕：热衷于文本的拓展迁移，轻视文本自身的知识。这样的行为，对于短文本而言，不失为一种浅文深教的良策；对于长文本，则有买椟还珠之嫌。这些经典性的长文本，本身已经具备了太多的教学元素，足以满足学生的语文学习需要，舍此不用，反而另寻其他材料来传递相关信息，表面上看是增加了学生的阅读量，实际上则冲淡了文本的课程价值。毕竟，长文短教，不等于长文浅教。短教的核心意义，在于追求单位时间内的文本课程价值和学生成长价值的双向最大化。

小结 >>

让语文成为语文，一是要让语文具有独特的学科知识体系，二是让文本的课程价值得到充分的落实，三是让语文承载起语文独特的育人功能。此三点，都需要紧扣具体的文本而展开。长文短教时，切不可舍弃了文本，却又大量拓展其他教学资源。

有滋有味教语文

第三辑
应该钻研的语文课程属性

小说应该如何教

从文体和课程的角度探究小说教学的方法时,首先需要关注的是小说的意义转换。进入教材后,小说必然存在着文学功能和语文教学功能此消彼长的属性改变。教小说的重心,不在于钻研小说写了什么,而在于分析探究小说怎么样写、为什么写、这样写好不好、还有没有其他的方法等等。也就是说,小说所呈现的波澜壮阔的社会生活画卷,并非语文教学的主要学习目标。语文教学该完成的任务,是分析这样的社会生活画卷如何通过典型的形象、典型的环境和典型的情节表达出来;是品鉴此种表达的优劣,并从中学习相应的写作方法、鉴赏方法、评价方法。用一种较为通俗的话语来表达,即:小说教学,不以欣赏那条"鱼"为主要任务,而是以学习捕鱼的技能——渔为重点。

其次,小说教学还需重点关注教学内容的有效取舍。进入教材中的小说,一般篇幅都较长,有限的两三节课,根本无法将作品从开头解剖到结尾。这就需要教师能够依照语文课程知识与能力建设体系化目标的要求,对文本内容进行精当取舍。要敢于并善于舍弃作品中非课程目标指向的学习任务的诸多内容,只留下能够服务于课程目标的核心内容。

此外,小说教学还应该特别关注作品的表达方式和语言风格。任何一篇小说,都有其特有的表达方式。作者依靠这些表达方式来呈现思想,传递情感,读者也需要以这些表达方式作为解读作品的密码。而语言则是思维的载体,无论多么精彩的故事,都需要具体的词句来支撑。抓住了表达方式和语言,才能品读出小说的特有韵味。

将此三方面内容,转化为具体的课堂教学活动时,语文教师便需在下述四方面多作探究,务求教出语文课的特色,教出小说这种文体的应有特色。

一、如何分析人物形象

执教《一滴眼泪换一滴水》时,我侧重于引导学生探究两个问题:

(1)伽西莫多是个什么样的人?
(2)将爱斯梅拉达的身份置换成一名当地群众,是否可以?

这两个问题,都指向人物形象。差别在于,前者以训练概括能力为目标,后者以认定人物身份价值为目标。

引导学生探究第一个问题时,我要求学生先从文本中圈画出有关伽西莫多动作、语言、神态描写的所有文字,然后以伽西莫多的情感变化为依据,对这些文字进行归类,将其概括为三个层次。学生们依照要求,先自主研读,后小组合作探究,很快完成了该项学习任务。

在此基础上,我提出新的要求:先用一句话综述伽西莫多的特性和身份,再结合其情感变化的三个层次,对其特性作具体阐释。

该任务依旧是在探究"伽西莫多是个什么样的人",但重心并非落在结论上,而是要教给学生整理思路、归纳语言的方法。

对高中生而言,这样的任务并非特别困难。因为考试卷上经常考到人物形象分析题。答这类题目,学生们已经形成了思维定式:先综述人物性格和身份,再结合作品内容作具体分析,最后归纳该形象的意义。我这样处理,就是要强化此种形象分析的方法。

提问、交流,形成较为明晰的答案之后,我又把学生的思考引向更开放的学习领域。我用PPT展示出下面这组文字:

在围观者的言语中,他是……

在行刑者的皮鞭下,他是……

在克洛德的意识中,他是……

在爱斯梅拉达的眼睛中,他是……

在雨果的心目中,他是……

在"我"的认知中,他是……

此种安排意在培养这样一种能力:分析人物形象时,不仅要关注自己的阅读体验,还应结合作品中不同类型人物的眼睛,多角度观察评价该人物。

依次完成上述所列六个小问题的探讨之后,我问学生:刚才形成的答案,是否有了需要补充的内容?学生们心领神会,立刻动手作进一步的完善。

回顾"伽西莫多是个什么样的人"这一教学任务的完成情况,可以发现,我并未在提出这个问题后,便组织学生依凭初读的感性体验而直接形成答案。那样的答案,只指向小说塑造了一个什么样的形象,未能把能力训练落到实处。我在形成答案之前组织的文本细读与探究,可以借助文本细读发现人物的与众不同之处,这便教给了学生归结人物形象的具体方法。借助此例,学生们便能够知晓,要准确归结小说中某个人物的性格特点,必须先把作品中有关该人物的动作、语言、神态等内容圈画出来,再进行整合,发现其性格逐步变化的过程,然后才能得出一个相对完整的答案。

在学生已经形成了相对完整的答案后,我追加的这组问题,意在培养学生多角度观察体验的学习技能。学生们在阅读小说时,往往只站在自己的角度思考问题,形成的认知便容易出现偏差。该组问题的价值在于告知学生,同一个人物,在不同人的心目中,往往存在很大的差异。读小说,就要关注这样的差异。把握住了差异,既把握住了被评价人物的性格,也了解了评价主体的性格。

人物身份是形象分析中应该关注却常常被漠视的一个细节。我设计的这个问题,牵连到相当多的学习内容,绝非简单的是非问答。该问题的价值在于打通这样一些内容：与身份相关的性格元素；与身份相关的文化元素；与身份相关的矛盾冲突；身份与情节发展的关系；身份与主题呈现的关系。

比如，爱斯梅拉达的流浪者身份，象征着一种不受约束的自由。这样的自由与神权统治下的巴黎的思想禁锢形成了尖锐的矛盾冲突，展示了人的自由天性和宗教禁欲主义的不可调和。小说以爱斯梅拉达的善良和美好，唤醒巴黎人心中沉睡的善良和美好，便是人性对神权的胜利。倘若将爱斯梅拉达换作当地身份的人，这些意义便都失去了支撑。

相当数量的小说中，往往存在一个具有特殊身份的人。这样的特殊身份，可以视作认知该形象的一张名片。我在教学中安排这个环节，就是要引导学生学会利用人物身份解读人物形象，感知作品中的矛盾冲突和主题意义。学生们了解了这一点，便能够更好地理解《孔乙己》中为何要将孔乙己塑造成"站着喝酒而穿长衫"的唯一形象，也能够更好地理解《故乡》《祝福》中的"我"，理解《我的叔叔于勒》中的于勒，理解《林黛玉进贾府》中的林黛玉。

> **小结** >>
>
> 如何分析人物形象呢？重点不在于此人物"是什么"，而在于将其性格特征"怎么样"表现出来。小说教学中，分析人物形象，一定要立足于文本细读和多角度观察，要善于抓住人物的特殊身份。

二、故事情节教什么

小说教学中，故事情节是最外化的学习内容。无论是要求学生复述故事情节，还是用文字陈述其情节设计的过程，学生们都可依据自己的初读感知，大体完成这些学习任务。此种缺乏足够的思维挑战的学习任务，不具备太多的教学价值。

但小说教学又绕不开故事情节。因为一切的探究都必须建立在情节分析的基础之上。故而故事情节的教学，便应突出其"载体"的属性，借情节的探究来分析形象、品味意义、鉴赏语言。

故事情节的教学，可分为整体性探究和细节探究两种类型。

整体性探究重在探究作者谋篇布局的意图和手法，进而学习其情节设计的相关技巧，为鉴赏能力和写作能力的提升服务。一般情况下，整体性探究需借助设计主问题的方式展开。

下面三个例子都是围绕着《林黛玉进贾府》的情节整体性探究而设计的主问题。

例一：《林黛玉进贾府》以林黛玉的见闻感受为线索而串联全文，其所见之人、所见之景，皆存在着内容安排上的详略主次之分。这样的情节安排，有什么样的作用？请结合具体内容进行分析。

例二：请以林黛玉在贾府中的行踪为线索，画出贾府的结构图，归纳出贾府三大版块的各自特点，理清林黛玉与贾府各色人物的关系。

例三：找出课文中有关林黛玉言行心理的相关语句，并依照情节发展的顺序，归结其内心情感的变化过程，概括其性格特征。

三个主问题中，例一将线索和结构特点直接告知学生，侧重于探究此种结构安排的价值意义，这样的主问题，符合整体性探究的要求，也体现出语文教学的应有特色。例二的关注点停留在了对文本表层意义的简单概括之上，缺乏思维深度，无法带动整篇课文的学习。例三属于细节研读，偏离了主问题设计的要求，虽关注了情节与人物性格呈现的关系，但不属于本篇课文的核心内容。

由此三例可见，故事情节的整体性探究应以文本的整体性阅读为基础，其主问题设计应体现出"抓纲带目"的宏观特征。整体性探究的目的不是了解故事梗概，而是以故事情节为载体全方位探究作品中的语文教学元素。

细节探究是小说教学最基础也最根本的鉴赏方式，细节探究的关注对象不是细节本身呈现出的意义，而是该细节中蕴含着的多方面的能力。

比如，《祝福》开端部分"我"和四叔的对话，其本身呈现出的意义是刻画出四叔的守旧与落后，体现出鲁镇的闭塞。这样的意义，属于《祝福》这篇小说，却不应该属于《祝福》这篇课文。作为课文的《祝福》，该细节的教学价值是其中隐藏着的两种能力：一是借助一句话便勾勒出一个人的性格的能力，二是借助一句话便展示一个地方的整体性文明程度的能力。这两种能力既关乎阅读，又关乎写作。

四叔是个什么样的人？离开了《祝福》这篇小说，此问题便没有任何价值。关注小说中人物出场的第一句话并借此推知其性格特征，则是阅读所有小说都需要具备的基本技能。如果能由人物的语言而解读出一个地区的特定文化，则这样的阅读便又有了与众不同的深度。语文教学应该培养的正是这后两种技能。有了这两种技能，学生便能够读懂其他的小说，甚至能够运用这样的方法来创作自己的作品。

再如，《一滴眼泪换一滴水》结尾段的"好极了，好极了！"文本中的意义在于展示人性的改变，显示真善美的力量的强大。学习这篇课文，当然需要从这个情节中读出这样的意义，但这远远不够。语文教师至少还需要引导学生探究两个问题：这样的转变合理吗？作者为什么要这样安排？这两个问题，既综合了课文中的多种信息，又牵引出了"浪漫主义"这一文学现象，对于丰富学生的知识、提升自主学习能力都有较好的帮扶价值。

> **小结** >>
> 情节分析的重心不在于了解小说写了什么，而是要探究此种设计的精妙所在。日常教学中，教师应侧重引导学生发现此种情节设计的共性化价值，既用以解读其他文本，又用以指导写作。

三、如何分析环境

教学环境描写的内容时，大多数教师习惯于归结环境描写的作用。作用当然需要探究，但比探究作用更重要的却是文字本身。

鲁迅的小说《故乡》中，描写自然环境的内容有三处，一是开头部分的"苍黄的天底下，远近横着几个萧索的荒村，没有一些活气"，二是记忆中的"深蓝的天空中挂着一轮金黄的圆月，下面是海边的沙地，都种着一望无际的碧绿的西瓜"，三是结尾处的"我在朦胧中，眼前展开一片海边碧绿的沙地来，上面深蓝的天空中挂着一轮金黄的圆月"。此三处自然环境描写，在小说中各自承担着重要的写作使命：现实中的自然环境暗示现实的灰暗衰败，以点带面地展示中国的社会现实；回忆中的自然环境呈现往昔的美好，烘托童年伙伴的纯真；幻觉中的自然环境体现希望的无所归依，表现出"我"的精神困顿和追求。

学习《故乡》时，上述自然环境描写的作用对于学生的知识积淀、情感陶冶、能力养成都不产生重要影响。熟记这些作用，只能服务于试卷上的填空题或简答题，不能转化为阅读能力或写作能力。

真正有价值的教学，应该体现为对自然环境描写的文字本身的鉴赏与探究。比如，为什么"苍黄的天底下，远近横着几个萧索的荒村，没有一些活气"就能够"暗示现实的灰暗衰败，以点带面地展示中国的社会现实"？写自然环境的句子中，哪些词汇必不可少？如果将这个句子转换成一段议论性文字该如何说？用这样的自然环境描写做开头，和用议论性句子做开头，在阅读感受上有何差异……这组问题，扣住了对文字本身的理解而组织教学活动，在思考探究的同时，也把探究自然环境描写作用的方法传递给学生，同时还关注了该方法在写作中的运用。这样的教学设计，才体现出应有的语文课程特色。

与自然环境的描写相比，小说中的社会环境描写具有方式灵活、内容多变、载体丰富的特点。引导学生学习小说中的社会环境时，更需要对表达方式作细致的探究。例如，《孔乙己》在利用社会环境揭示孔乙己命运悲剧的必然性时，就先用一个段落整体性交代鲁镇以及咸亨酒店中客观存在的阶层鸿沟，然后重点通过"短衣帮"对待孔乙己的态度来呈现同处社会底层的民众群体的劣根性。教学这样的内容，如果只将问题探究终止于获取社会环境描写的作用之上，则学生即使将答案一字不差地背诵下来，也依旧不会明白其中的逻辑关联。语文教师只有引导学生对这些语句作具体的分析品味，才能让学生真正懂得作者构思与行文的精妙，才能为以后的阅读提供一个可资借鉴的精彩案例。

> **小结** >>
> 分析环境，重在学习利用环境烘托形象、营造意境氛围、表达主题意义的方法。教学的重心应落在环境描写的作用之外，应致力于探究此种作用得以实现的方式方法。

四、如何探究小说的主题

"我怎么就读不出这样的意义？"每次订正试卷时，总能够听到这样的哀叹。

为什么"读不出"？语文教师应该反思。

几乎每一篇课文的教学，都离不开意义分析和归纳。一件几乎天天在做的事儿，为什么到了考试卷上，依旧没有能力解决相关问题？道理其实很简单：每一天的教学都偏离了应有的路径，都在做无用功，当然也就未能养成应有的探究能力。

日常的小说教学中，我们如何引导学生探究小说的主题呢？下面这个《小团圆媳妇之死》的教学片段就很有代表性：

师：他们不是十恶不赦的人，但是善良人的心中也有阴暗面。萧红在小说中把人性的复杂性、多面性表现了出来。

生：男权中心的社会中，男尊女卑，媳妇的地位、生存价值不值一提，婆婆有权管教媳妇。小说中，婆婆心情不好时就打媳妇，女性的地位有时连畜生都不如，就像有二伯那句话：人死还不如一只鸡。多么可悲！

师：其实，真正有病的是谁？

生：是看热闹的他们。

生：小团圆的媳妇走路快、不害羞、吃得多、不顺从，他们认为她不像小团圆媳妇，但这其实都是正常的自然人性的表现。封建传统的伦理道德对女性行为早有界定和规范，女性要低眉顺眼卑下顺从，而表现出正常人性的小团圆媳妇是不合要求的，他们就把她视为异端，认为她有病。

生：他们的行为心理是受思想观念支配的，归根结底是来源于当时的社会环境。封建愚昧的思想已经笼罩社会两千多年，生活在其中的他们习惯于按照旧风俗、旧习惯思考和做事。同为女性，她们本性善良却充当了刽子手角色，是害人者又是受害者。她们受封建思想束缚毒害而不觉，自觉因循男权中心的陋习惯例，并去规范和约束下一代人。

师：其实这也是封建思想在中国代代延续根深蒂固的原因。假如小团圆媳妇没有死，被规矩之后的她可能将来也会成为另一个这样的婆婆。

师：萧红在小说中从文化、社会及人性等方面进行多重批判，揭露了国民劣根性，在这一点上，她是继承了另外一位作家的衣钵。鲁迅是萧红的精神导师，她在作品中再现了愚昧麻木冷漠的看客心理，再现了一群善良的人吞噬掉一个美好的人的大悲剧。对于笔下的他们，萧红在批判的同时也表达出她悲天悯人的情怀。到此，小说的主题也呼之欲出了。

生：本文通过一个健康活泼、天真善良的小团圆媳妇被折磨致死的经过，批判了善良的人身上所表现出的麻木、愚昧、残忍的劣根性，揭示了旧的传统意识对人的束缚与戕害。

该片段节选自某省级优质课竞赛一等奖第一名的教学实录。且不论其中的师生问答存在着多少深度加工的痕迹，单是问答中的自说自话，便回答了"读不出主题意义"的疑问。

这个片段中，师生双方看似在围绕着人物探究作品的主题意义，其实双方都只是各自忙活着为作品中的人物及主题"贴标签"。每一个标签的依据何在？教师和学生不关注。每一个结论的逻辑推演过程何在？教师和学生亦不关注。师生共同关注的，或许只是将教参中提供的观点移植到课堂上。这样的课堂，充满了官话套话，缺少了植根于文本细读的归纳提炼。

探究小说主题的合理方法是什么呢？简简单单四个字——先分后总。

先分，即先依照小说的相关内容，从细节鉴赏中归结各个片段中体现出的意义。比如，从《故乡》开头几段文字的环境描绘中，可归结出辛亥革命前后中国农村经济的凋敝这一主题；从《故乡》中有关闰土的形象对比中，可以归结出苛捐杂税对农民的肉体与精神的双重摧残；从杨二嫂的形象对比中，可以归结出城镇手工业者生活的艰难和人性的扭曲；从"我"的既看不到出路又相信希望的存在，可以归结出社会转型期知识分子的迷茫与追求。

后总，即对分块探究中获得的相关意义进行整合，依照轻重主次组织语言。比如《故乡》的主题意义，便可整合为"反映了辛亥革命前后农村破产、农民痛苦生活的现实；同时深刻指出了由于受封建社会传统观念的影响，劳苦大众所受的精神上的束缚，造成纯真的人性的扭曲，造成人与人之间的冷漠、隔膜，表达了作者对现实的强烈不满和改造旧社会、创造新生活的强烈愿望"。这意义中的每一句话，都需要有相应的课文内容作支撑。这样的一一对应分析，才是养成主题分析能力的根本方法。

小结 »

小说的主题探究，重在立足文本细读，先分块归纳，后加工整合。鉴赏文本时，对每一个片段都思考一下：作者为什么要写这个内容？他想借助这个内容来反映什么样的社会生活？养成了这样的习惯，此项能力也就养成了。

散文应该如何教

本节文字所探究的散文，特指教科书中选录的现当代散文作品，不包含各种类型的古典散文名篇。探究此类散文教学法时，最大的难点在于散文内容与形式的不确定性。散文的内容包罗万象，不但涉及生活的方方面面，而且沟通起古今中外的各种政治观念、各种文化形式和各种社会经济状态。散文的形式也从无固定的样本，多只追随了作者的情智而自由表达。此种极端个性化的文章，让教师与学生都难以寻觅到深入其中的规范化路径，于是，散文教学便成了教师个体对文本理解的传声筒，难以从课程的高度形成明晰的教学主张和具体的目标要求。

这样的教学困厄并不应该成为建构理性的课程教学体系的"拦路虎"。作为语文课程体系中不可或缺的一项内容，散文教学必须建构起既符合文体特征又贴近学生成长需要的常态性教学结构范式，用以规范课堂教学活动，搭建文本、课程、学生三者间彼此沟通的桥梁。

一、如何界定教学目标

以王荣生先生的定篇、例文、样本、用件的分类标准来区分教科书中的现当代散文，则绝大多数课文都不具备定篇的特质，只适宜于充当例文、样本和用件。其中，已经历了数十年时光陶冶的那一部分作家作品，如朱自清的《荷塘月色》《春》《背影》、鲁迅的《从百草园到三味书屋》《藤野先生》等，因其结构的规范、主题的明确和线索的清晰，可承载起赏析范本或写作例文的任务。而那些植根于特定历史文化背景的当代散文作品，如魏巍的《谁是最可爱的人》、汪曾祺的《金岳霖先生》、杨绛的《老王》、林清玄的《可以预约的雪》等，则需依照不同的教学目标，或对作品作整篇的阅读鉴赏，或以作品的结构充当写作范例，或只选用作品中的某些内容作某类语文知识的样本与用件。这样的分类，有利于为散文教学确立具体的目标，可有效避免教学活动中的无序与低效。

此种目标界定的依据，一是各教学单元中教材编写者在单元说明中预设的教学任务，二是教师个体对文本的解读，三是特定的学情。三者间倘若发生冲突，应以特定学情为目标确立根本。

比如，杨绛的《老王》在苏教版高中语文教科书中，被收录进"号角为你长鸣"主题单元的"底层的光芒"模块，教材编写者为该单元预设的教学任务是"伟大的人格往往是许多文学作品共同表现的对象，不同的文学体裁都用各自独特的手法来展示人物丰富的心灵世界。要深入地了解人物活动的具体环境，只有这样，我们才能明白历史人物何以能感动当时而又永远地活在人们的记忆中"。以此为依据来界定《老王》的文本属性，则《老王》当属于例文，其教学价值就在于为高中生呈现运用散文手法、通过"人物活动的具体环境"描绘而展示老王这类底层人民"丰富的心灵世界"的创作技法。

实际教学中，此种预设的目标极少得到落实。因为大多数语文教师更为关注的文本信息，并不是老王这类人的人性光辉，而是作者杨绛在文章中体现出的知识分子的自我反省意识，是透过"我"与老王的个体悲剧而折射出的时代悲剧。故而，大多数语文教师教学《老王》，多是依照自身的文本解读而确立教学目标。只是，此种目标极易偏离语文教学的应有轨道。

如果从特定的学情出发，则《老王》的教学目标又将发生转移。因为生活时代的巨大差异，当下的中学生对《老王》诞生的时代背景所知甚少，根本无法体察特定时代中老王与"我"的悲剧的必然性。如此，"我"的愧作，便无法在学生的心灵中形成共鸣。此种学习环境下，教师的教学重心就必须落到文本细读之上，通过对文本内容的反复咀嚼，激活学生心中的悲悯意识，使学生尽可能地从"我"和老王的视角感悟文本中叙述的事件。

课文中的散文作品，多存在着与《老王》相同的教学目标的游离性。无论我们是从编者视角、教师视角还是学生视角审视这类课文，最终需要关注的，都只能是既激活学生的学习思维，又最大化拓展其学习的最近发展区。这两点汇集在一起，便是散文教学的课程目标。

小结 >>

散文教学须先确立文本属性，再依照不同属性和特定学情确立不同的教学目标。散文教学的最重要问题，不是知晓作者传达了什么样的生命觉解，而是要引导学生探究这样的生命觉解从何而来，又如何精当地予以表达。

二、如何理清散文的线索

无论是何种类型的散文，创作之初，作者都会精心锤炼出一两根贯穿全篇的金线，用以串联起从记忆海洋中精挑细选的各色珍珠，共同组合成一条晶莹剔透的项链。教学散文作品时，最有效的鉴赏方法，就是抓住这一两根金线，将整串项链都置入明亮的光线中观赏玩味。这样的鉴赏，可以少一点遮蔽，少一点遗漏，多一些整体感悟，多一些细节处的推敲斟酌。

如何才能在散文教学中迅速、准确地理清其线索呢？

1. 关注文题，把握核心意象

绝大多数的散文，题目本身就包含了构成叙事线索的核心意象。要理清散文的线索，就需要对题目进行解析，把握住文题背后隐藏的写作意义。

比如，入选中学语文教材的朱自清先生的几篇散文，《背影》这个题目，便告知读者，全文最重要的核心意象就是"背影"，文章必然要将写作重心，落在"背影"这一特定景象上。故而，"背影"也就自然成为该文的一条叙事线索。《荷塘月色》这个题目，包含了"荷塘"与"月色"两个核心意象，将其进行组合后，又可以形成"荷塘月色"与"月色荷塘"这两个短语，于是，描绘荷塘上的月色和月色下的荷塘，也就成了本文的最重要内容。如此，题目依旧构成了文章的写景线索。《绿》这个题目，以抽象的色彩为核心意象，同样意味着全文必须紧扣"绿"来展开。同理，《春》这个题目，也必然要将"春"作为线索，串联起多角度的描绘。所谓的"盼春—绘春—赞春"的总体结构，"春草图—春花图—春风图—春雨图—迎春图"五幅具体画面，全都紧扣了"春"这一核心意象。

2. 解析首段，探究写作意图

相当数量的散文，采用开门见山的手法，首段便点明写作意图，亮出行文线索。教学这一类型的散文时，只要能够正确区分首段文字中不同表达方式的文字，便能够依照表达方式的差异，迅速把握散文的线索。

比如，魏巍先生的《我的老师》，首段的"最使我难忘的，是我小学时候的女教师蔡芸芝先生"一句话中，就包含了两个方面的重要信息：第一，本文的写作重心，是怀念小学时的老师蔡芸芝先生；第二，本文的情感基调，是"最使我难忘"。两个信息中，前者以客观叙述的方式表现出来，后者则在陈述中融入了强烈的抒情色彩。依据首段的这一句话，便可归纳出本文的叙事和抒情两条线索。

3. 通读全文，感悟情感历程

好的散文，犹如余香袅绕的清茶，只凭眼睛去看，根本发现不了它的独特韵味。要真正了解它，就必须舍得花时间去浅斟细酌，通过对全文的反复咀嚼，才能真正读懂表象背后寄托的真实情感，才能理清作者隐藏在文字背后的情感历程。

选入中学教材中的鲁迅先生的几篇散文，其行文线索都相对隐蔽，不是看题目和首段文字便能够把握住的。比如，《从百草园到三味书屋》一文，仅看题目，似乎是一篇写景状物的文章，应该以"从百草园到三味书屋"的游览行踪为线索，而阅读文章后才可发现，这样的理解完全错误。此外，该文的首段，虽也点明了"百草园"这一描写对象，也以"乐园"一词奠定了情感基调，但这样的描写对象和情感基调，只关乎百草园，跟三味书屋毫无关系，显然也不能看作全文的核心线索。那么，什么才是本文的中心线索呢？这就要从作者的创作意图出发，通过对全文的整体感悟思考发现。鲁迅先生创作这篇文章，旨在通过童年时期在两个场所间的活动，展示百草园中的"自在之乐"和三味书屋中的"发现之乐"。尽管两个场所中，也都有一些不完全开心的事情，但总体情调却是固定的。由此也就可以发现，这篇作品的抒情线索便该确立为"童年生活之乐"。

当然，也有一些鉴赏者认为，该文是以空间转换为线索，或是以童年生活为线索，或是以童年的回忆为线索。这几种观点都过于笼统，似乎可以放到所有同一主题的作品中。因而也就并无多大的教学价值。

4. 辨析文体，学会依"体"寻"线"

依照表达方式和写作目的的差异，散文可以分为记人散文、叙事散文、写景散文、状物散文、抒情散文、说理散文等六大类别。每一种类型的散文，都有各自的不同文体特征，也有各自的构思立意特性。比如，说理散文的常规写法，往往是缘事而发，由浅入深、由表及里地逐层展开。抒情散文则多需要借助某些特定的景、事、物的描写，以象征或比喻的手法，将特定的情感融入景、事、物之中。

汪曾祺的散文《金岳霖先生》，文体上属于记人散文，则金岳霖先生的性格揭示，便成为行文的重要线索；茅盾的散文《白杨礼赞》，文体上属于状物散文，白杨树的精神品质以及对象征意义的揭示，便成为贯穿全篇的重要线索。

5. 理清结构，寻找行文思路

不同类型的散文往往有不同的结构模式。比如，记人散文的结构，多体现为总分式特征。往往会在开篇处先总说人物的个性特征，然后围绕这些特征，选择不同的事例来印证之。叙事散文的结构，则多体现为叙事和抒情的双线并举。一般情况下，其叙事线多为明线，起着推动故事情节发展的作用；而抒情线多为暗线，隐藏在事件背后的情感倾向中。这样的情感，却又多不采用直接抒情的方式来呈现，而是融情于事，寓情于景，读者只有慢慢品味，才能从事件、景物的背后，品读出鲜明的情感倾向。

近些年高考文学作品阅读题选用的散文，多为呈现文化思考的哲思类作品，如2009年江苏省高考所选的《上善若水》。这类文章，结构上多采用"缘起—描述—联想—感悟"的结构形式，由某一常见生活现象切入话题，然后对该现象进行简单描绘，接着放飞思绪，展开丰富的联想，最后联系生活实际，形成独特的人生感悟。指导学生学习散文课文时，教师要善于将相关课文同高考选文结合起来，利用二者间的相同结构形式，充分发挥课文的例子功能，指导学生学会解读此类型的文本。

6. 品味尾段，抓住呼应文字

散文既要放得开，还得收得拢。散文的"放"，多体现在主体部分的丰富联想与想象；而散文的"收"，则多体现为结尾段的贴近现实、点明题旨。绝大多数情况下，无论是何种类型的散文，其结尾一段的文字，总要想方设法同第一段的文字呼应起来，并在同现实人生的紧密联系中，赋予第一段中呈现出的某些核心意象以更鲜明、更宽阔的意义价值。常规状态下，我们将这样的意义提升，称之为卒章显志、升华主题。

要想在教学中理清散文的线索，品味尾段的语段意义十分重要。如《藤野先生》一文，虽题为"藤野先生"，但首段侧重于展示"清国留学生"的种种丑态，尾段强调"我忽又良心发现，而且增加勇气了，于是点上一枝烟，再继续写些为'正人君子'之流所深恶痛疾的文字"，首尾呼应中，便能够发现本文真正想要表达的其实并非藤野先生，而是作者由藤野先生身上汲取的精神。正是这样的精神鼓励着作者不断发现现实人生的丑陋，不断激发战斗的勇气。于是也就可以发现，该文的线索只能是"我"的心路历程，而非藤野先生。

> **小结** >>
> 　　六种方法，并非全部，也非万能。散文教学中对线索的梳理，其目的在于抓纲带目，以线索带动起对多方面内容的理解。当我们将某篇散文只定位为例文、样本或者用件时，线索的价值也就只在于服务某一两方面的教学需要，不能用以串联所有的教学内容。

三、如何把握作者的情感

与一般性实用类、论述类文本相比，隶属于文学作品的散文，其内容以及作品中蕴含的情感态度，往往具有鲜明的个性化特征。一方面，作品中的人、事、物都经过了作者心灵的过滤，附着了作者独特的情感，呈现着美学意义上的独特性；另一方面，这种独特的情感态度又必须借助精巧独到的艺术构思，将原本浅近、直露的内容表现得含蓄蕴藉、余味悠长。

鉴于散文表情达意上的这种特殊性，引导学生品读散文中作者的情感态度时，就必须在内容理解、情感体味、线索梳理、手法运用和语言表达等方面综合分析，既把握住作品表层意义中包含着的情感态度，又挖掘出潜藏于作品内核中的言外之意。如此，才算真正走近了作者，走进了文章，才能正确把握作品中的情感态度。

1. 掌握情感态度发展变化的轨迹

韩少功的《我心归去》，开篇处便有意舍弃了旅程中丰富的见闻与感受，只集中笔墨叙写异国的寂寞生活,这便在起点处抒发出浓郁的思乡之情。而这浓烈的情感,从形成之初,就附着了强烈的个性化特征,愈往后,情感愈强烈,个性化的体验也愈分明。如此,贯穿全文的情感基调便明确显现出来。把握了这思乡情感,再来品味文章各段落的文字,便能较好理清作者对故乡的复杂感情。

同样,老舍先生的《想北平》,也是抓住了"我的北平"这一情感核心,并以之串联起纷繁复杂的回忆的。无论是第2、3小节正面描写对北平特殊的爱,还是第4—6节通过对比揭示北平的特点,抒发对北平的喜爱,抑或是结尾段的直抒胸臆,无不紧扣了"想"与"爱"这条情感主线而展开。

2. 了解起承转合间的特点与手法

散文中的传情达意,离不开具体的内容。散文的内容,多采用以小见大、融情于景、托物寓意等手法来呈现。教学散文作品时,要善于从开篇处有关写作缘由的交代中推知文章的写作目的,还要善于从具体可感的人、事、物、景中发现作者的情感价值指向,更要能够在文章的转折处或拓展处发现情感的转折点或扩展点,如此,才能跳出理解中的片面与狭隘。

《前方》表面上只是一篇"摄影散文",似乎只为了解读照片的内容。实际上,照片不过是作者情感态度的一个"缘起",作者真正想要表达的,是由照片而引发出的有关"离家""归家"的深刻思考。文章由照片引入,接着用6节文字,对人类的离家行为进行描述和分析,再用4节文字,将思维发散开去,分析人类悲剧性的精神状况,最后收拢全篇,呼应开头,引出进一步的思考。正是借助这种内容的起承转合和手法上的借事抒情,作者才得以站在人文关怀的高度,对人类精神境遇中的不幸寄予了深切的思考,体现出厚重的悲悯之情。

3. 体察形象背后的隐喻意义

散文中的形象,是支撑起散文情感与意义的关键点。无论是写人记事,还是抒情议论,散文总需要借助具体的人、事、物、景来表达作者对生活的个性认知。散文中的形象，往往代表了作者的某种情感价值取向，凝聚了作者对某类形象的独特价值判断。

《今生今世的证据》中，刘亮程将生活中根本不会引起读者注意的众多形象一起纳入作品里。在他的笔下，草、土墙、泥皮、烟垢、灰、榆木桩等等，全都是和他的生命拥有着密切关系的个性化的"这一个"。这些形象，拥有时似乎还并不能唤起作者内心的某些情感，一旦失去，却立刻全部成为生命中无法割舍的重要元素。教学这篇散文，就要引领学生从每一根草的摇曳中感受到作者对故园的拳拳深情，从每一缕风的呼啸中聆听到作者脉搏搏动的声响。倘若没有了这些形象，只从宏观上抒写对故园的爱，则文章便容易滑入宏大叙事的泥淖，缺乏能够真正撼动读者灵魂的真情实感。

4.涵泳字词句篇中蕴藉的情感元素

语言是情感的外壳。散文的语言，或含蓄隽永，或清新雅致；或大气磅礴，或委婉细腻。无论何种风格，都是离不开情感的支撑。"大江东去"中自然有豪壮；"晓风残月"里处处有缠绵。把握住了语言中的这种独到感觉，便能触及作者灵魂深处隐藏的独特情愫。

《想北平》抒发的是对寻常生活的沉沉思念，这样的内容，只适宜于通俗、纯净而又亲切、简洁的语言。如话家常中四溢出的是含蓄内敛的深情。《今生今世的证据》抒发的是"一个人内心的生存"之类抽象的、无法把握的情感意义，这样的情感，必须借助具体可知的事物、场景来表现。因而作者写作本文时，便刻意使用细腻的笔触描写场景与事物。这些描述性的语言，自始至终浸透了作者的个性情感体验，充满了个性化特色，和作者笔下的生活以及作者自身有机融合为一体。

> **小结** »
>
> 把握散文中作者的情感态度，重在引领学生用自己的心去聆听作者的倾诉，用自己的灵魂去感悟作者的灵魂。只有和作者形成了情感共振，对文本内容与情感的理解，才不会出现误读。

诗歌应该如何教

思考"诗歌应该如何教"之前，先应思考为什么要学习诗歌。

诗意的答案总会有很多，却都无法遮蔽一个残酷的事实：语文教学中，诗歌已然渐行渐远。中学作文训练体系中，诗歌早已被"理直气壮"地剥夺了参与人才选拔的权利；日常教学活动中，诗歌也遭逢着越来越多的边缘化的待遇。大量的语文课堂上，古典诗歌尚且因为中高考的诗歌鉴赏题的存在而苟且拥有一席容身之地，现代诗歌和外国诗歌则多只沦为一道文学常识的选择题。

这样的现状注定偏离了语文教学的应有轨道。且不说诗歌中蕴藏着的无限丰富的文化传统与精神养分会因此而丧失，单是从学生生命健康成长的视角而言，也会使其内在情感失去一份"闲看庭前花开花落"的优雅从容，失去一份"会当凌绝顶，一览众山小"的豪情与责任，失去一份波澜不惊的平和淡定。因为诗歌之于心灵，正如阳光之于生命，早已成为精神世界中不可或缺的重要成分。诗歌能够帮助我们在抑郁的日子里感悟到存在的价值与意义，诗歌能够赋予我们在逆境与灾难中挣扎却依旧抬起头颅仰望星辰的勇气，诗歌能够让我们拥有一份人生的豁达，给我们一颗敏感而细腻的心……

面对着如此美好且重要的诗歌，语文教师当然有责任引领着学生沉潜其中，体察诗歌中缤纷摇曳的情感，感悟诗歌中参差错杂的意境，聆听诗歌中高贵生命的浅吟低唱，浸润诗歌中优美圣洁的品格。语文教师需要用自己的

"思"与"诗",为学生打开"思"与"诗"的精神之门,让诗歌教学既充满了诗情画意,又蕴含着丰厚的生命底蕴。

一、诗歌教学的病症解析

理想与现实间总是存在着太遥远的距离。当下中学阶段的诗歌教学,绝大多数情况下,不但没有引导学生从诗歌中汲取丰富的精神养分,而且以各种各样的病症消解着诗歌的美好。

最显性的病症是课堂上听不到琅琅的诵读之声。为数不少的语文教师,尤其是具有多年高三教学经验的语文教师,其诗歌教学只是以考试需要为着眼点,考什么便教什么。现代诗歌往往只引导学生关注基础知识、文学常识和文化常识,将文本赏析视为可有可无之事;古典诗歌教学则只关注诗歌鉴赏试题的解答技巧,用考纲考点的阐释和经典考题的研讨,代替了对诗歌内容的咀嚼涵泳。

第二种病症是头绪繁杂,缺乏核心训练点。此种病症,在其他类型的课堂上亦有显现,在诗歌教学中则更为突出。一部分语文教师在面对一首诗歌时,无法合理界定该篇作品的教学目标,便眉毛胡子一把抓,从字音字形到修辞手法,从作者简介、写作背景到作家风格,从诗歌意象、意境到后人各种点评,一股脑儿全放置到课堂中。这样的教学中,文体特征消失殆尽。

第三种病症是热闹有余而深度欠缺。此种课堂上,教师注意到了诵读的重要价值,亦关注了对诗歌内容的品读。课堂上诵读之声不绝于耳,学生讨论热火朝天。但诵读缺乏应有的能力培养梯度,讨论也只是围绕着诗歌的最显性词句精雕细琢,缺乏对诗歌整体意境风格的品味感知,无法真正走进诗人的真实内心,更无法抵达诗歌的情感内核。此种病症在诗歌教学公开课中表现得更为突出。

此三种病症看似各有病因,实则诸病同源,根子都在于教师专业素养的匮乏。从文本解读的角度而言,语文教师这一群体中,真正热爱诗歌、懂得诗歌的并不多。教师自己读不懂诗歌，尤其是读不懂现代诗歌，无法准确解读现代诗歌中诸多复杂意象背后的深刻隐语意义，又不愿在备课中通过大剂量的专业阅读获取必要的知识支撑，这就注定了现代诗歌教学必然难以走向深入。

古体诗歌的教学中，也同样存在着肤浅解读的问题。言有尽而意无穷，是古典诗歌的最大魅力。教师自身能否把握住古典诗歌中的无穷之意，决定着他的课堂上所能够达到的深度。有少数语文教师，在古代诗歌教学上停留在诗句的翻译或者描述上，不能辅之以大量的拓展延伸，其课堂便总有一种"隔"的感觉。

从课堂教学的角度而言，课程意识与教学技能的欠缺也是诗歌教学不尽如人意的一个重要原因。小说、散文等作品篇幅长、信息量大，较容易发现教学抓手；篇幅短小、含蓄隽永的诗歌，便难以准确界定应有的课程目标和教学重难点。也正因为如此，相当数量的诗歌教学公开课上，总少不了诵读指导，少不了对具体语句的个性化赏读，似乎没有了这些教学环节，课堂便不能成为完整的课堂。岂不知，诵读能力的培养，仅仅是某一学段中诗歌教学的重点；具体语句的赏读，也并不适用于所有的诗歌教学。

> **小结** >>
>
> 诗歌教学中出现的诸多病症根源在于语文教师。语文教师自身专业积淀的匮乏，必然带来了诗歌内容解读上的肤浅或偏差；语文教师课程意识的欠缺，又势必造成教学设计和教学活动中的无序。从这一点而言，我们都该认真补课。

二、如何设计诵读活动

诵读如登楼。倘若没有预设的楼梯，便只能在同一层面上徘徊，无法一步步攀向顶层。

故而借助教师的精心设计，搭建起由浅入深、由低至高的阶梯式教学流程，引导学生拾级而上，感悟诗歌的多重意义，体察诗人的丰厚情感，品味诗歌的精美意境，鉴赏诗歌的表达技巧，是诗歌教学中最基础也最根本的任务。教师需将这些任务，分解到阶梯式教学流程的各级台阶之上，让课堂上的每一次诵读，都承载起明晰且独特的训练目标。

明白了上述道理，并不意味着就能够处理好课堂上的诵读活动。随之而来的问题是，每一层台阶上，该守候着一个什么样的诵读目标，才符合诗歌鉴赏中的思维发展梯度？要回答这个问题，则又需要兼顾不同学段的课程目标，需要综合考量学生的理解力和诗歌本身的难易度。一般而言，初中学段的诗歌教学中，诵读训练应经由"读出节奏—读出情感—读出思想"这三级台阶，抵达诗歌的创作主旨即可；高中学段的诗歌鉴赏则应经由"读出情感—读出思想—读出个性—读出共性化价值诉求—读出独特的艺术手法"这五级台阶。对高中学生而言，诵读训练应该转换为对话训练。每一次诵读，就是在某一个信息点上，与诗歌进行一次深刻的对话。

正是基于这样的理解，我在执教八年级下《酬乐天扬州初逢席上见赠》时，设计的诵读阶梯式流程便是：

（1）自由诵读，至少三遍。——一读，读对字音和节奏；二读，读出诗歌的韵律和味道；三读，读出作者的喜怒哀乐。

（2）随意抽读，至少两生。要求说出为什么这样读。

（3）学生推荐诵读。

（4）教师范读。（分两遍。第一遍用播音语调读，第二遍诵读。然后要求学生对比，说出其中的差别。）

（5）学生再次自由诵读。

（6）交流初读感受。

（7）提出阅读中的困惑与思考。

（8）带着问题再读，梳理诗歌大意。

（9）思考：诗人为什么要这样说？有没有什么言外之意？

（10）如何理解"沉舟侧畔千帆过，病树前头万木春"？

而在执教高中语文选修课程"唐诗宋词选读"的《春江花月夜》时，设计的诵读阶梯式教学流程则是：

（1）组织多种形式的诵读，将学生一步步带进诗歌的独特意境中，形成整体上的初步感知。

①静读涵泳，初品诗歌的内容之美。

②浅吟低唱，二品诗歌的画面之美。

③含英咀华，三品诗歌的音韵之美。

④个性阐释，四品诗歌的意境之美。

（2）细节研磨。组织学生围绕最喜欢的诗句展开描述，将诗歌语言转换为散文语言，丰富学生的主观想象。

（3）缘景明情。在细节描述的基础上，转换思维视角，从鉴赏的角度探究诗歌的创作技法和表达的独特情感。

（4）归纳提炼，在合作中探究诗歌鉴赏的路径和方法。

（5）合作探究：《春江花月夜》到底美在何处？

（6）拓展阅读：①宫体诗；②玄思与人的意识；③盛唐气象；④"月"的文化意义。

比照两种不同的阶梯式流程，可以发现，初中阶段的诗歌诵读训练，由"一楼"攀上"三楼"，便达成了教学目标。高中阶段的诗歌诵读训练，则需直接由"三楼"起步，攀向更高的"五楼"甚至"十楼"，才算完成相应的学习任务。

需要强调的是，并不是每一节诗歌鉴赏课，都需要依照这样的步骤组织诵读。在中小学语文教学体系中，诵读能力的训练，只能是某个学段的重点目标，在此阶段如果能够很好地贯彻了该项训练目标，则此后的诗歌教学，就可以将重点转移到诸如意象分析、炼字炼句等教学要素中。当然，无论我们想要落实的是什么样的教学目标，对于诗歌教学而言，都必须建立在理解诗歌的基础上。毕竟，理解文本，是一切教学活动得以顺利进行的根本保障。

> **小结** »
>
> 诵读的关键不在于读，而在于为什么读。为了完善教学环节而进行的诵读，对课堂和学生都不构成积极价值。只有基于具体的教学目标而精心预设的阶梯式诵读，才能借助诵读的形式落实对诗歌的理解，让诗歌真正滋润学生的生命。

三、如何感知诗歌的意境

诗歌是对生活的提纯。经过提纯后的生活，与真实的生活之间，总隔着一定的时空距离。因为这样的距离，后人在鉴赏前人诗作时，往往会因为具体创作情境的模糊而形成误读，曲解了诗人的真实创作意旨。因而要正确感知诗歌内容和诗人情感，需在鉴赏过程中，努力还原特定场景，让学生们置身其中，以特定时代的特定文化背景为依托，来探求诗歌中的思想与品质。

由教师直接描述诗作场景，是较常见的一种方法。运用此法的关键在于细节渲染。比如下面这个片段：

师：这是一种朦胧的美，如梦如幻，悲凉而又轻盈；这是一种纯粹的美，超乎象外，宁静而又清纯；这是一种跨越时空的穿透和打动，一切世俗的丑陋和鄙俗，都在诗意的光泽里消融；这是一场无声的细雨，慢慢浸润着人世间的每一个角落，然后任情感汇集成河流，千年不息，一直流到宇宙的那一端。这就是《春江花月夜》，这就是一千年来给了无数人心灵滋养的大爱与大美的《春江花月夜》……

此种场景还原法，优点在于情感指向清晰，缺点是以教师的阅读感悟，取代了学生的阅读体验，限制了学生的思维。一旦教师自身对诗作的认知出现了偏差，则学生对诗作的理解也就跟着走向了错误之路。日常教学中，使用此种方法，应慎而又慎。

以学生为学习主体的教学活动中，场景还原需尽量摒弃情感上的强势牵引。教师应引导学生从诗句本身寻觅场景，并借助联想与想象丰富这些场景，发现和感悟诗人的创作动因。下面这个片段，在这一方面就处理得较为精致。

师：哪位同学愿意说说，静静地阅读诗歌后，心中有些什么样的感觉？你说说？你感觉到些什么？

生：天空中只有一轮明月，大大的，再没有其他任何东西。明月映照下，江水澄澈，江上没有帆，没有一切的东西，只有无边的空阔……

师：你读出了一种辽阔和寂静。你呢？（师指另一个学生）

生：除了天空中一轮皎洁的月，我的大脑中还出现了淡淡的雾气，这雾气在江面上轻轻飘荡着，时有时无。天地显得格外的空旷、寂寞。

师：你在辽阔和寂寞之上，还读出了缥缈，读出了灵动。

生：月亮很亮很高，一个人很孤独……

师：谁？这个人是谁？

生：作者。

师：作者吗？在诗歌中，我们应该称他为什么人？

生：（稍作思考）是……抒情主人公。应该在初春季节，还比较寒凉，抒情主人公一个人静静地伫立在长江边上，一会儿仰头望月，一会儿低头观水。他由这孤独的月和流淌的春水，想到了家乡，于是心中充满了忧伤。

师：你的感觉很细腻，有景有情，很好！

生：印象中应该是有一叶扁舟在江面上轻轻地飘荡着。扁舟的上方，是一轮大大的月亮。而扁舟所置身的，是开阔的江面，江水滚滚，把月亮揉碎了，波光粼粼……

师：多美的一种意境啊。小舟如耕耘的犁铧，将大江耕碎了，将月光揉碎了。

这个片段，充分调动起了学生的情感体验，虽缺乏一步到位的解读深度，却真实呈现了学生的认知水准。学生们借助诗句而还原出的诗歌场景，既丰富了诗歌的内容，又唤醒了学生们内心的审美愉悦之感。此种场景还原，抓住了诗歌的情感之根。

> **小结** >>
> 舍弃教师的直接告知，代之以巧妙的提问与点拨，可以将学生一步步引入诗歌鉴赏的特定意境氛围之中。运用此法时，关键在于教师先读透诗歌，读出诗歌中的意境，更读出其意境营造的方法，如此，才能在教学中抓住要点。

四、如何激活学生的学习思维

诗歌教学中，借助精心预设或临时生成的相关问题，把学生引入特定的思考情境，激活学生的学习思维，是常用且有效的教学技法。运用此种技法的关键，既在于紧扣课时目标和具体学情而预设相关问题，又需要贴近课堂上的临时生成而及时创设深入理解诗歌的问题情境。

例如，学习杜甫《客至》时，学生们对尾联的"肯与邻翁相对饮，隔篱呼取尽余杯"存有理解障碍。下面这个教学实录片段，就很好地利用精心预设的"问题"，激活了学生的思维，挖掘出了诗歌中独特的人情人性之美：

师：以崔明府的县令身份，自是不轻易与寻常老翁对饮的。杜甫也是官宦之家出身，应知晓这样的官场规则。为什么却要在崔明府来访时，自作主张，请邻翁一同饮酒？

生：因为崔明府与杜甫是好朋友。好朋友间，便不计较这样的礼节。所以，杜甫想请邻翁一起喝酒。

师：崔明府和杜甫是好朋友，可以不计较礼节。但他和邻翁不是好朋友哦。你到一个好朋友家去做客，你是希望和好朋友独处，还是希望有一个陌生的第三人参与其中？

生：……

师：没想明白，是吧。其他同学怎么看这个问题？

生：我觉得，杜甫应该是喝酒喝高兴了，忘记了客人的身份。他怕客人喝酒不尽兴，便想找个人更好地陪他。

师：有一定的道理。家里来客了，我们都习惯于找人陪一陪。不过，现实生活中，好像大家都乐意找有身份有地位的人来陪客。

生：我也认为杜甫是内心欢喜，想要找个人分享一下。

师：你的意思是说，杜甫邀邻翁对饮，是为了找邻翁分享自己的快乐？

生：应该有这样的意思。也有可能，杜甫家一直没有朋友来，邻翁有点看不起他。现在有个县令来访，杜甫借邀邻翁对饮，也在邻翁面前炫耀一下。

师：有点意思啊，杜甫还有点小虚荣。不过，有点虚荣很正常，有了虚荣，杜甫反而更可爱了。

生：其实，诗歌中已经写清楚了，杜甫只是"隔篱呼取尽余杯"，并没有一开始就将邻翁请过来陪客。我想，可能是杜甫和朋友喝酒很尽兴，喧哗声很大，引来了邻翁的窥探。杜甫这才顺便邀请他隔了篱笆墙饮一杯酒。当然，杜甫本来也可以假装没看见邻翁。他的主动邀请，可能既有让邻翁分享喜悦，也有在邻翁面前小小地炫耀一下的味道。

此片段中探究的问题，本无法形成确论。进行这样的探究，只为了更好地开启阅读思维，更好地感悟诗歌中抒情主人公的独特心态，进而更好地品味蕴含在作品中的人情人性。所以，当学生们从这一个细节中读出杜甫的欢喜,甚至读出杜甫的小小虚荣心时,另一个问题便应运而生:仅只是来了一个朋友,杜甫至于如此欢喜吗?杜甫也是做过官、见过世面的人啊。有了这个问题,对《客至》的鉴赏便进入了一个新的境界。顺着这条线往下深挖,便会发现,《客至》确实是在表现一种喜悦,但这喜悦的背后,却是根深蒂固的世态炎凉。《客至》中的乐越甚,杜甫的人生便越悲凉。

由此片段可见,诗歌教学中的思维训练,既是诗歌内容理解的重要抓手,又是学生学习能力提升的有效台阶,也是让诗歌走进学生心灵的重要路径。语文教师只要将课堂预设和生成结合起来,因势利导地开展活动,便能够激活课堂,激活思维,进而激活生命成长的多种有益成分。

小结 >>

诗歌教学既需要由"诗"抵达"思",也需要以"思"促进"诗"。诗与思,构成了诗歌教学中的两大目标高峰。诗歌教学中的一切方法与手段,最终都必须服务于这两个目标,并接受此两大目标的引领。

文言文应该如何教

当下的文言课文教学，普遍存在着目标定位过于随意、内容安排缺乏体系、文本解读缺乏深度、教学方法乏善可陈等诸多问题。有的老师，教文言便是教翻译，逐句串讲，字字落实，将文本丰厚的精神养分弃置一旁；有的老师，完全将文言文本当作现代文本，只注重意义的挖掘，不关注文言的章法与神韵；有的老师，课堂缺乏目标明晰的预设，无法创设有效的问题情境，只能带领着学生在文本的浅层意义处纠缠；有的老师，过分追求思想内容的深刻丰厚，用大剂量的拓展信息，抵消了文本自身的教学价值。凡此种种，当然都算不得理想的文言教学。

那么，理想的文言教学，应该具备哪些不可或缺的元素呢？

一、确立课程意识，将"教什么"落到实处

进入教材的文言文，必然从属于课程，受课程内在知识体系的制约。此种课程特性决定了任何一篇文言文，不论它有多么博大精深的思想内容与艺术成就，一旦成为了课文，其意义与成就，便必然要接受课程目标和课时目标的裁剪，只留下能够适应课程需要、适应学生的当下学习需要和未来发展需要的那部分内容，而对其余的内容作暂时性舍弃或搁置。也就是说，在作为课文的文言文中，相当数量的知识，并无资格充当课时学习内容。因为其

中总会有一些知识，在前面的文言课文中已经学习过，另有一些知识，需要留给后面的文言课文学习。至于当下的这一篇课文，则只需要依照相关教学任务，把该落实的目标落实到位。

厘清了这一认识，再研究文言课文"教什么"便可以发现，一篇文言课文中需要承载的教学目标其实并不多。从最基本的文言虚词教学而言，诸如"之""而""以"等常见虚词，哪里需要在每一篇文言课文的教学中，都将其所有用法梳理一遍？教师只需在某个学段的某个单元中，利用某一篇文章，对其全部用法进行一次归结。后面再遇到它们，便无需再作强调。当然，出于复习的目的，有选择地利用相应文本作巩固性强化，另当别论。

至于理解难度较大的文言句式、词类活用等古汉语知识，则应在初中阶段的文言教学中尽量淡化。文言课文中无法避免文言句式和词类活用，但并不意味着课文中有了这方面的知识，便一定要求学生掌握。此类知识，应作为高中阶段的文言学习任务。以苏教版教材为例，此方面的知识，就全部安排在《史记选读》这本选修教材中。

可以这样设想：当《赤壁赋》这样的文本，被用作初中一年级的课文时，其教学的重难点就应该放在诵读之上。让学生们在反复诵读中，大体理解文本内容，即可视为完成了学习任务。而将其作为高中一年级的课文时，教师便需要引领学生，既识记课文中的重要虚实词，掌握其中的若干个特殊句式，还要能对文本中呈现的复杂思想有所思考。如果在初一的课堂上，将高一课堂该完成的任务全部完成了，则这样的教学便脱离了课程目标，脱离了具体学情。同理，如果在高一的课堂上，还把反复诵读、大体理解文本内容作为主要教学目标，也同样属于脱离课程目标和具体学情。

当我们将前一个学段中作为教学重点已经学习过的内容和将来的某个学段才需要学生去掌握的学习内容，全部从当下教学的核心任务中剥离出去之后，剩余的这部分才是教学中应该关注的重点，即该篇课文的教学"宽度"。确立了这样的核心任务，有利于建构古汉语知识体系，也有利于减轻学生的学业负担，更有利于避免课堂上胡子眉毛一把抓的混乱，使新授知识、复习知识各得其所。

现实的教学情境中，极少有教师能够依据课程目标、单元目标和成体系的课时目标而裁剪教学内容。教师们的普遍性心态，是始终担心某个知识没讲解到位，考试时考到了，学生答不出来，影响了成绩。故而绝大多数老师教学文言文，总是从第一个字解释到最后一个字，将各种古汉语语法知识一股脑儿灌输给学生。而考试卷上不考的意义、精神、思想等内容，则很少在教学中予以关注。这样的教学，在知识信息上求大求全，在文本意义上无所作为，其结果只能是想教的没教好，不该忽视的又被忽视。文质兼美的文言课文，无法转化为学生的精神文化养分。

> **小结** >>
>
> 在"文"与"言"的交合中，文言文的教学应本着"循序渐进地积累古汉语基础知识、贴近学情地传承优秀的民族文化精神"的目标而组织教学活动，绝不应该从低年级起便全面进行各种类型的古汉语知识的教学。

二、关注文本意义，追寻课程价值最大化

"教什么"关注的并不只是古汉语知识，还有文本中的丰富意蕴。文言教学中对文本意蕴的感知与挖掘，也同样应该具备相应的体系。这样的体系，既需顺应学生的身心发展规律，也需契合课程自身的要求。

现行教材中的初高中文言课文，在选文上，已大体形成了文本意义由浅至深的梯度。初中阶段的选文，篇幅相对较短，意义相对浅近。高中阶段的选文，篇幅稍长，意义也相对复杂。

只是，无论这些选文的意义具有何种特点，从课程的视角而言，也绝非所有的意义，都应该成为教学中的重要关注点。语文教师需要做的依旧是依照教材的课程属性，舍弃其中的一部分意义，再抓住贴合课程需要的那些意

义，运用一切可以运用的方法，使其发挥最大化的教学效果。

例如，对于初中二年级学生而言，《桃花源记》的诸多意义中，能够充当起课程内容的，应该是那份虚拟中的美好所呈现的理想与追求，以及与之相对的现实的残酷和失望。教学中，教师应该抓住这一重点，引导学生从多角度多层面进行思考探究。为了将这个重点内容解析到位，课堂上，不但应组织学生反复阅读文本，从文本中发掘深意，而且应有意识地进行信息拓展，适度引进相关文本资料，深化对该主题意义的认知。如此，才能将作为课程目标的这部分意义进行最大化的开发，使其成为学生成长的重要精神养分。

高中阶段的文言课文的学习，从意义探究这一视角而言，应将重心落在思想与文化的传承之上。因为高中阶段的文言选文，更多侧重于经典作品。这些作品多代表着特定时代的思想高度，代表着中华文化中应有的精神追求和道德标杆。教学实践中，教师需注重引导学生把握不同文本所呈现的不同价值诉求，并将不同文本间的意义差异，视作该文本的最大化课程价值。如此，学生们从这些文本中获取的就不再是浅层面的古汉语知识，而是深层次的文化熏陶和思想启迪。

比如，教学《师说》时，如果只将"古之学者必有师"作为文本的核心意义，引导学生探究从师学习的价值与方法，则这样的课程定位过于肤浅，不能满足高中生的精神需要。那么，该文本在意蕴探究上应有的课程目标是什么呢？或者说，《师说》中呈现出的什么样的思想与品质，最值得高中生学习与传承呢？这便是作者借这篇文章表现出的责任意识和担当精神。表面上看，《师说》的写作目的在于褒扬李蟠的良好品质，实际上，则是为了批评世俗社会"耻于相师"的陋习，推行自身的思想主张，为"古文运动"张目。教学中，教师如果能立足于这样的思考，并以此为思维起点，引导学生往文本意义的纵深处推进，则还可以走进韩愈的精神世界，感悟到古代文人的强烈社会责任感。

下面这个教学片段，便是我在教学《师说》时，立足文本意义而作的深度探究。限于篇幅，此处只列举提出的问题，拓展的材料以及学生思考与讨论的过程详见第四辑中的课堂实录。

问题（1）：韩愈为什么要写作本篇文章？

问题（2）："今之众人"为什么会"耻学于师"？

问题（3）：面对"耻学于师"的现实，为什么"独韩愈奋不顾流俗，犯笑侮，收召后学"？

问题（4）：韩愈的精神支柱是什么？

问题（5）：古今中外的知识分子中，类似于韩愈这样的人还有哪些？他们的共性品质是什么？

问题（6）：今天，我们为什么要学习《师说》？

当我请学生们从知识分子的责任和使命的视角思考韩愈的言行举止时，我的目的并不在于用现代知识分子的标准丈量韩愈，而是让学生明白，作为一名知识分子，就应该承担起"社会的良心"的重任。韩愈面对流俗挺身而出，正是充当"社会的良心"的具体表现。这样的表现，在中国古代知识分子身上，其实更多体现为"吾志所向，一往无前"的道德追求。

而当学生们从读书人的责任和使命的层面和作品、和韩愈进行对话时，从《师说》中能够解读出的，就不再只是浅层次的"从师学习"，而是用韩愈的精神武装自己的大脑，从韩愈身上学习一种担当。带着这样的理解学习《师说》，心中涌起的便是一种理解和敬仰。

我以为，这样挖掘《师说》的文本意义，就是既扣住了课程目标，又实现了课程目标的价值最大化。

小结 >>

文言课文作者意义和作品意义的探究，应结合具体学情而展开。在学生理解力能够达到的高度之内，教师应在引导学生积累适量的古汉语基础知识的基础上，引领学生更多地感知博大精深的传统文化。抓住了这些作品中的精神与文化，才能够让文化传承在中学阶段变成现实。

三、创设有效问题情境，激活学生思维

在"宽度"和"深度"之外，文言教学还必须致力于课堂中的"温度"的营造。文言教学中的"温度"，并非表面上的热闹，而是学生思维的积极开启，是绝大多数学生都能够在课堂上以积极主动的姿态自主学习、合作探究。

营造课堂温度的最有效方法，依旧是利用由浅入深的"问题串"，串联起课堂的思维活动全过程。文言教学中的"问题串"，应起步于文本中相关意义的浅层次分析，经由文本细读、前后文比照、拓展引申等相关路径，走向文本的核心意义。

例如，教学柳宗元的《始得西山宴游记》时，可将课文第一段的内容转换为这样一组"问题串"：

（1）从你的生活经验出发，什么样的文章，才会开篇就说自己是罪人呢？

（2）柳宗元为什么开篇就点出"僇人"的身份？为什么不说自己是被贬官？他是在忏悔吗？

（3）那为什么这样说？是谦虚？

（4）柳宗元为什么不说"左迁是州""谪是州"，而用一个"居"字？

（5）柳宗元为什么惴栗？又为何强调"恒惴栗"？这三个字在全文中有什么样的作用？

（6）"施施而行，漫漫而游"如何释义更符合"恒惴栗"的特定心态？柳宗元出行时有几种可能的情形？

（7）柳宗元为什么要强调"高""深""回""幽""怪""远"这一系列形容词？这几个句子连接起来，表现了什么内容？这个句子是否可以简略为"日与其徒游，无远不到"？

（8）"到则披草而坐，倾壶而醉"，柳宗元到了目的地，为什么不观赏风景呢？游记类的文字，在交代完行踪之后，就应该对景物展开描绘的啊？

（9）倾壶而醉是一种什么样的喝酒方式？为什么要用这样的方式喝酒？作者又为什么要强调这样的喝酒方式？

（10）既然是想要求醉，用醉酒来排遣心中的苦闷，为什么不在家中关起门来狂饮，却要"上高山，入深林，穷回溪"，跑到这深山老林中？

这10个问题，从文本的字面意义出发，一直通向柳宗元内心深处的孤寂与愤懑。有了这样的"问题串"，学生们在课堂上便不再只是知识信息的被动接受者，而是成为积极思考、主动寻找、合作探究的思想者、学习者。如此，课堂才有了温度，阅读才有了深度。下面这个实录片段，就是学生深入思考得出的结论：

第一，柳宗元之所以历经艰难跑到这深山老林中，原本是想找寻一片排忧解闷的风景。结果，这样的风景却无法发现，内心中便又增添了一种新的苦闷。心情比原来更差，于是要借酒浇愁。

第二，柳宗元的罪臣身份，使他对自己的一切行动都十分谨慎。他在深山老林中的沉醉，可以躲过其他僚属的眼睛，不会被他人罗列新的罪名。

第三，披草而坐，倾壶而醉的背后，也间接写出了柳宗元对眼前风景的不满意。因为不满意，他干脆就不将其当作风景来观赏，只顾埋头喝酒。

第四，用这里的无风景，来为下文写西山的风景做铺垫。

需要注意的是，"问题串"的设计必须接受"宽度""深度"的制约。问题设计应具有台阶属性，要一步步提升难度，一层层开启思维之门。倘若问题都没有深度，则无法激活思维，无法满足学生的探究欲望；如果问题一开始就难度过大，则又会扼杀了学生的探究兴趣。

"问题串"中的"问题"从何处来？这是有效问题情境创设的关键。有些教师主张，所有的问题都应该来自课堂中的临时生成。这样的想法，并不符合教学的真正需要。最直接的原因在于，绝大多数学生并不具备课程意识。其自主学习中形成的困惑、发现的问题，很大一部分，超越于该课文的"宽度"，不属于课时学习的主要内容。故而理性的做法，应是将教师的预设和学生的生成相结合，以课程目标和课时目标为准则，设计出既来自学生的阅读困惑又符合课程需要的"问题串"。至于学生在自学中形成的那些超越于学习目标之外的问题，教师可在课余时间，引导其查阅相关材料，作更深的思考探究。

小结 >>

> 没有问题的课堂绝不是好课堂。但要区分出是"真问题"还是"假问题"。文言教学中的"真问题"应指向对文言作品中隐藏着的情感与思想的探究，指向特定历史文化背景下古代知识分子的志向追求。字词理解上的难点、文句翻译中的辨析算不得"真问题"。

作文应该如何教

作文之道,贵在一个"真"字。叙事需"真",抒情需"真",说理亦需"真"。

"真"当然不是生活的"现场直播",而是顺应规律、符合人性、代表了健康的发展方向的艺术真实,是对现实人生的提纯。此种经过文学手法加工提炼的"真",一方面依旧保持着来自现实生活的原汁原味的情感、思想和人性,另一方面又摆脱了寻常岁月中的繁琐、拉杂、污浊、颓丧等各种陋习的污染,为读者和作者自身同时带来情感的愉悦、思想的陶冶和灵魂的洗礼。

理想的作文教学,着眼点只能是这个"真"字。作文教学必须反对一切胡编乱造的臆想,反对一切虚情假意的赞美,反对一切言之无物的空洞评说;倡导立足生活实际的思考与发现,倡导源自生活细节的感动与触动,倡导植根生活需要的真情与人性。

要将这样的反对与倡导都落到实处,不能寄希望于两周一次的作文训练,而是要建立起专题仿写和随笔训练相结合的写作教学模式。一方面,可以充分利用固定的写作课时间开展体系化的作文教学活动,集中一段时间引导学生赏析某一文体的众多优秀作品,并在此基础上进行仿写训练。另一方面,则需致力于"无主题、无限制、有目标"的自由式随笔训练。随笔训练对主题应不作任何规定,对篇幅、表现形式等也不作任何限制,但对文体和选材有一定的要求，须结合专题仿写的要求集中突破一种文体，兼带训练其他文体。材料必须来自当下生活。

一、写真事，让每一双眼都成为生活细节的瞄准镜

叙事类文章的写作训练，需安排在起始年级进行。先叙事，后写人。所叙之事，以家庭、学校这两个点为主，兼及行走在两点间的那条线上的所见所闻。所写之人，也以身边的同学、老师、父母为主体，不熟悉的人，坚决不写。

因为起始年级的学生大多来自不同的学校，写作观念和写作能力往往差别很大。故而语文教师在开展写作课教学的最初阶段，应以规范写作内容和表述形式为主。其中，最重要的教学内容有两点：一是要努力清除市面上出售的各类"满分作文"的影响，让作文从云端回归大地，学会使用平实的话语描绘寻常的生活事件；二是要努力消解写作中对"意义"的盲目追求，摒弃宏大叙事，远离人为拔高的崇高与伟大，把注意力集中到寻常生活的喜怒哀乐之中，表现普通人的七情六欲。

要将这两点落到实处，其实很难。相当数量的学生，写随笔时或许还能够依照要求去用平实的话语描绘身边的人与事，一旦要写所谓的"大作文"，便端起架子开始胡乱编造一些自以为"有意义"的虚假故事。因为他们总觉得生活中的这点事儿实在不值得写到作文中去，而作文中应该表现的，只能是闪光的品德、远大的理想、崇高的追求。

破解难题的最好方法是示范引领。能够用作示范的最妥当的材料，一是报刊上的优秀作品，二是教师的下水作文。示范作文的写作素材，必须是学生们十分熟悉的人、事、物。文章的立意也不能超越学生的理解力。以下水作文的写作为例，我在引导学生学习从生活中发现写作素材时，就分别以教室外的树枝上停着的那只漂亮的鸟为题材，写了《诗人鸟》；以窗外飘来的阵阵槐花香，写下《又闻槐花香》。教师节时，要求学生写一位印象深刻的

教师，我便先写了《心中的那座山》《萧先生轶事》；中秋节时，要写一篇回忆性的记叙文，我便写出《最美的月色》……我的这些下水文章，文字不求奢华，结构不求奇特，立意不求精深，但关注生活细节，关注细节描绘中体现出的真实情感，往往能给学生带来一定的触动，对其写作同类文章形成积极的借鉴价值。

学生们借助优秀范文而渐渐培养出"写真事"的习惯后，作文教学便开始走向了正规化。这时可以要求学生用自己的眼睛到生活中捕捉一切值得写作的素材，将其依照一定的章法写成具有真情实感的文章。需要注意的是，这一阶段的写作，暂不必考虑作文的主题意义，只管依照自己的感觉展开叙写。比如，同是写家庭生活，可以通过具体的事例赞美亲情，也可以通过典型故事批评家庭成员的不良习性。同是写校园生活，可以写同学间互帮互助的典型细节，也可以写内心中朦胧的爱的火苗。这一阶段作文的评判标准不宜太高，只要读起来能感受到这样的事很真实，也具有一定的情感，就达标。

这样的写作，可以持续两个月。两个月后，应该提出新的写作要求，要在"写真事"的基础上，注重训练写作技法。最初的写作技法也不要求难求多，可在每次训练时突出一个训练点。比如，可以第一次训练写开头的技巧，第二次训练写好细节，第三次训练用好概述。在进行写作评价时，只要学生能够依照训练点完成了训练任务，就应给予高分甚至满分。

细节和概述是叙事类文章的生命。细节是血肉，概述是骨骼。要在叙事类文章中写好细节，没有真实的生活体验，很难做到。作文教学中强调"写真事"，本质上说，就是强调对生活的细致观察和生动呈现。《背影》之所以能几十年来感动亿万读书人，全在于细节描绘中体现出的浓浓情感。没有了那段细节，说再多的空话，抒再多的情，发再多的议论，都不会写出好文章。

> **小结**
>
> 好文章是写出来的，这写出来的好文章，绝不会是命题作文。学会写作，必须从学会模仿开始。在写作之初，先进行一定量的模仿训练，可以少走很多弯路。如有可能，语文教师最好能够自己下水写作，供学生模仿。

二、抒真情，让每一颗心都成为生活情趣的接收器

指导学生写作叙事类文章时，应尽量避免在文章中采用直抒胸臆的手法表达情感，更要力戒无病呻吟式的虚假抒情。只有情动于衷而自然流露于外，才具有穿透力，才能唤起读者内心的情感共鸣。要做到这一点，必须以真实的事件为基础。事件真实，情感才有立足点。

为了追求这样的抒情效果，日常的写作教学中，应不允许学生在叙事类文章的第一段采用抒情方式领起全文，也不提倡在结尾段使用第二人称抒发情感。只要写好了细节，写好了真实的生活感受，就能够在人物的一言一行中流露出真切的情感。

作文教学中的"抒真情"可分解为三种类型：关注内心，感恩他人，亲近自然。关注内心，侧重于表达自我因外界环境的影响而形成的喜怒哀乐；感恩他人，侧重于表现人际交往中来自他人的真诚与善良；亲近自然，侧重于体现个体在自然中的独特感受。三种情感，都强调融入具体的细节描写之中，借事抒情，借物咏怀。

知晓情感的差异以及抒情的要求很简单，要在作文教学中帮助学生发现寻常生活的美好，感受寻常生活中的细腻情感，但要用简洁流畅的文字和生动感人的细节表现出独特的情感则很难。要实现这样的目标，就必须帮助学生学会观察生活，感受生活细节中蕴藏着的真情实感，教会学生变换角度思考问题。

在关注内心方面，可以采用换位思考的方式分析思考问题。无论想要表达何种情感，先想清楚别人为什么会那样对待自己。要把自己放到他人的位置上，换位审视自身的言行。文章中可以表达委屈，表现懊恼，但只能用具体的事例表现这些情感，叙事要客观，不要将自己的情感硬塞进事件本身。

在感恩他人方面，则应该倡导"以善良感悟善良"。感恩之心是写作中永不过时的素材和主题。在作文中倾诉对他人的感恩，其实也是在彰显写作者自身的善良。作文中的感恩之情，无法依凭人为编造的虚假故事来表现，只有真实的生活细节，才能达成这样的目标。比如，同是写母爱的作文中，下雨天送雨伞、半夜送医院一类的故事，因为并未亲身经历，便无法写出其中的感人细节和真实心理，文字便没有生命；而抓住了平常生活中的母亲的一声叹息，解读出叹息背后隐藏着的深切关爱，传递出的情感，往往却能胜过编造出的若干故事。

在亲近自然方面，重在关注写作中的融情于景。在文章中用大段的篇幅赞美自然的伟大与慷慨，并不能激发读者的情感共鸣，用细腻的情感作支撑，描绘出一朵花、一叶草的生命价值，才能给读者带来审美的愉悦和情感的共振。在这方面应该向史铁生、刘亮程学习。教师可引导学生反复品读《我与地坛》《今生今世的证据》中细腻传神的景物描写，感受细节背后的生命意义，然后进行模仿写作。去写路边的一朵花，写校园中的一竿竹，写已然消逝在眼球中的满天繁星，写记忆中的清澈江水……只要能引导学生把万物视作与自身平等的生命，赋予它以人的情感，那么，就能在作品中表达出对它的真情。

小结 >>

没有生活的真实，便没有情感的真实。强调叙事类文本中的"写真情"，并非为了凸显情感表达的技巧，而是要引导学生学会观察生活，从生活细节中发现素材。语文教学的最终目标，在于让学生成为情感丰富、精神润泽、思维敏锐的人。

三、说真话，让每一个灵魂都成为生活理性的扬声筒

中学阶段议论文教学面临的最大问题在于，说理不讲逻辑，堆砌论据材料，作假大空的说教。此类议论文，既缺乏真实的思考，更缺乏必要的思维理性。

要扭转此种局面，便需对议论文教学进行改革。首先要尽量避免脱离生活的空泛命题材料，力戒为了完成写作训练任务而随意命题的行为。其次要引导学生关注时事、关注身边发生的各类事件，学会从生活中发现值得思考的问题并写成议论文。第三要强化"说真话"的文风，要将"言之有物、自圆其说、说'人'话"确立为议论文写作的三条硬性标准。

言之有物，是主张陈述事理时不强词夺理，而是以事实为依据。要做到言之有物，就必须学会从生活中精选有价值的证据材料，这就需要学会区别，学会解剖。

言之有物的"物"来自学生的生活实践，以贴近现实生活，贴近学生生活为基本要求。反对动辄引用古人、名人说事。议论文就是要表达出我们对具体事件的个性化的看法，这"个性化"只存在于"我"的大脑中，古人、名人无法替代。议论文教学中，"让祖先安歇""让名人忙他自己的事"应成为写作的基本要求。

没有了古人、名人的议论文，主角便成了学生自己。要把事理说清楚，就需要自己把前因后果想明白，就需要变换着角度去发现问题，解决问题。比如，某名学生做了某件事，被老师批评了，要证明这件事上自己没犯错，古人和名人帮不了他，假话空话套话更帮不了他，只有分析清楚事情的来龙去脉，说清其中的因果关联才有用。议论文的写作过程其实就是这样的证明过程。

当然，议论中的"说真话"也存在一定的技巧，其中最基本的一条，就是要能够做到"自圆其说"。高中学生，世界观尚未完全形成，理性分析能

力有待进一步提高,对社会的接触面也过于狭窄,要想把一件事分析得滴水不漏,只能是一种妄想。所以,退而求其次,以追求"自圆其说"为标准。

如何才能"自圆其说"呢?最省力的方式就是说真话。小品中说,一个假话,要用十个假话来圆。用假话来证明观点,显然太难。议论文中的"说真话",就是表达真实的想法,袒露真实的心态。

说"人"话,既是一种最低层级的要求,又是最高层级的要求。所谓"人"话,当然是指立足于人的情感需要的真话。当下,很多学生在多年的学习中培养出了两套话语体系,一套是生活中的"人"话,一套是作文或者公开发言时的"官"话。两套话语各自独立,把原本完整的"人",分解成了两个毫不相干的个体。

常态化的作文教学,必须要求学生用正常人的思维和语言来表达自己的观点,反对永远正确的套话、空话。生活中如何想,笔下就如何写。学生应该考虑的只是将口语转化为书面语,而不必考虑自己写出来的话是否完全符合主旋律,是否完全得到他人的认同。

> **小结** »
>
> 议论文的本质在于分析事理、理清因果、阐释主张。要达成这一目的,必须坚持逻辑分析,反对空洞说教。教师需学会利用各种时事新闻进行持之以恒的思维训练,帮助学生确立基本的理性思维路径。

四、做真人,让每一篇文字都成为生命雕塑的奠基石

作文教学中,语文教师应经常性地向学生们灌输这样的观点:我们写作,绝不只是为了考试卷上的分数。在分数之外,写作的价值更在于记录我们的成长,见证我们的思考与成熟。我们每写出一篇文章,都是在用我们的眼睛和思想审视纷繁复杂的生活,感受生活中呈现出的真善美与假恶丑。每写作一篇作文,就是对生活以及生活中的一切现象进行一次梳理与整合,就

是给灵魂编织一道防护栏。善于写作的人，必有一双善于发现的眼睛，必有一颗善于感受生活的心。我手写我心，我心又会因为文字的浸润而更加柔软，更加善良……

要把这些观点落到写作实践中，当然不是朝夕间便能完成的工作。在三年一贯制甚至六年一贯制的作文教学体系中，只能借助一篇篇文章的慢慢润泽，让学生们逐步远离虚假的编造，回归合乎人性的正常思维模式。这其中，还要关注应试作文与生活作文的契合，让学生体味到生活作文带来的学业进步。

为了更好地促进作文教学的改革，语文教师还必须在作文评改方法上进行相应的调整，要彻底摒弃以挑毛病为特征的评语表述形式，代之以鼓励、赏识为特征的言说风格。语文教师要学会降低身段，以平常阅读者的姿态同学生探讨作文中的相关问题。写在学生作文后面的评语，也可以撇开文章写作的优劣不谈，只同学生就文章中表现出的情感、思想作交流。我就曾经坚持用诗歌作评语，为稍有特色的作文附上一首即兴创作的诗歌作为阅读感受。得到我的诗歌的学生总是十分自豪，未能得到诗歌评语的学生也会想方设法在下一篇文章的写作中多动脑筋，争取写出特色来。

也可以将作文的评改任务交给学生来完成。比如，我在执教高一、高二年级时，习惯于利用阅读课时间，让学生交流作文，互相切磋写作心得，探究写作技法。高三年级时，则每天安排一位同学在课前讲析一篇自己的作文，然后由其他学生自由提问，交流感受。这样的安排是为了让每一篇文章都拥有一定的读者群。我知道，没有读者的文章，作者很难倾注全力去完成。而有了一批认真且挑剔的读者，作者就不得不怀揣了十二分的小心，认真完成自己的作品。这也就等于为作文聘请了众多的监督者和建设者。胡编乱造、抄袭挪用、远离生活等不良文风因之而丧失市场。

文风的端正，其实也是纠正一种为人处世的态度。当说假话得不到认同时，假话套话空话便走出了学生的作文本，时间长了，也就走出了学生的生活。如此，两套话语体系便可回归到真实的人性之中，而学生也就慢慢养成了"写真事""抒真情""说真话"的良好文风,并进而成为不虚假、不做作的真实的人。

小结 >>

　　理想的作文教学,不是教给学生多少的写作技法,而是激活学生的写作热情。当学生热爱写作时,文从心中出,写出来的文章便具有可读性。激活写作热情的方法多种多样,教师的认可、同伴的褒扬、读者群体的确立等,都是简单实用的好方法。互联网时代,这样的路径应该有更多。

有滋有味教语文

第四辑
值得借鉴的语文教学案例

《一滴眼泪换一滴水》课堂实录及教学反思

课堂实录

环节一:强化初读体验,整体感知文本

(新课从了解学生的预习开始)

师:上午韩老师已经帮我布置了预习作业,我想知道,同学们,你们课文读了几遍?

生:(杂答)两遍、三遍、一遍。

师:读一遍肯定不是好的学习习惯,读两遍也不行。书读百遍,其义自见。我们读不了一百遍,至少也应该读三遍。第一遍了解情节,第二遍探究主题,第三遍就要带着一些问题去研读相关的细节。

师:哪位同学说一说,通过预习,你了解了一些什么样的内容?

生:伽西莫多被绑在了平台上示众,很多人都嘲笑他,骂他。他很渴,很烦躁,那个吉卜赛姑娘拿了一杯水给他喝。他流下了一滴眼泪。

师:你了解的是故事梗概。

生:小说写伽西莫多被绑上了平台,接受了笞刑。善良的吉卜赛姑娘给了他一杯水,感动了他。

师:你了解的也是故事梗概。请同学们看大屏幕,注意从这几个方面回答问题。

（教师展示第一张PPT）

通过预习，我读懂了这样一些内容（人物、环境、主题、情感、结构）。

师：预习一篇课文，不能只停留在了解故事梗概的基础上，这远远不够。还要知道文章塑造了什么样的形象，描绘了什么样的环境，表现了什么样的主题，体现了什么样的情感，运用了什么样的手法，营造了什么样的结构，等等。我们常说读懂一篇文章，什么才是懂呢？就是要将这些问题都琢磨到位。只了解文章的大概内容不是真正的学习。事实上，普天下的文章，都存在着"写了什么"的问题，更存在着"为什么写""怎么样写""还可以如何写"以及"这样写好不好"等问题。只有将这些问题都带入预习中，我们的学习才有明确的目标。否则，每一次的早读课，都只是读一遍课文，了解一下梗概，学习便永远低效。

师：真正的阅读是能够读出问题的。问题越多，思考的就越全面，对课文的理解也就越深入。同学们在预习时有没有读出什么问题？有没有什么地方读不明白，或者哪些地方当时读不太懂，后来查阅了资料，又经过了认真思考，终于弄懂了，但估计还有同学不懂，想一想，预习时有没有这样的问题？

（教师展示第二张PPT）

需要探究的问题（不明白的、认为重要的、值得赏析的）。

生：爱斯梅拉达明明是被伽西莫多劫持的，为什么还以德报怨，送水给他喝？

生：伽西莫多在遭受鞭打时，人们不断地嘲笑他，羞辱他。可是，当爱斯梅拉达给伽西莫多送水喝时，人们却又大声叫好。人们的转变似乎过于突然。

师：你觉得人们为什么而叫好？是为爱斯梅拉达的行为叫好，还是为了什么其他原因叫好？

生：……

师：暂时还没办法准确说出具体的原因，是吧。下面我们一起研究一下这个段落。请同学们齐读67段，看看文章中是如何说的。

（生齐读）

师："好极了"的是爱斯梅拉达？也许是，也许不是。这个问题，咱们暂时放下来，后面再研究。现在有两个问题了，还有其他问题吗？

生：伽西莫多在遭受鞭刑时，为什么会有那么多的人侮辱他，谩骂他？

师：这个问题，你是如何理解的？课文中有没有直接或间接地告诉你答案？

生：因为伽西莫多长得丑。

师：只因为他长得丑，挨打时别人便开心？这是一个原因，还有其他原因吗？

生：……

师：同座位帮一下忙，回答一下。

生：因为他经常在半夜里敲钟，把别人从睡梦中吵醒。

师：嗯，他干扰了别人的生活，所以招人怨恨。这是第二个原因。

师：还有其他问题吗？那位举手的女同学，你有什么问题？

生：我想说的是，为什么在伽西莫多生活的时代，人们对美的认识只局限于一个人的表面。就因为伽西莫多长得丑，人们便嘲笑他，无视他内心中可能存在的善良？

师：这位同学的问题是不是文章中的问题？她已经站在一个高度，思考文章中隐藏着的文化现象。是的，为什么这样的时代会产生这样的群体呢？这个问题，值得深入探究。

师：从刚才的交流中，我们可以发现，预习时只要用心思考，我们是可以发现很多问题的。只有带着这样的一些问题去反复阅读，我们才能把文章读深、读透，读出真正的个性化人生感悟。

环节二：品读重点语段，培养鉴赏能力

师：预习课文时，我们也可以用下面的方法来发现问题。请看大屏幕。
（教师展示第三张PPT）

读一读：

（1）人家叫他跪在那块圆形底座上，他照着做了。人家脱掉了他的上衣和衬衣，直到露出胸膛，他也听之任之。人家又用许多皮条把他绑在轮盘上，他听任人家捆绑，只不过时时粗声地喘气，就象一条牛垂头奔脑地给绑在屠夫的车沿上。

（2）伽西莫多好象忽然惊醒似的蹦了一下，他这才明白是怎么回事了。他蜷缩在绳绑里，一阵惊惶和痛苦的抽搐散布到他脸上每一根筋络，但是他没有叹一口气，只是把头向后转转，向右转转，又向左转转，并且把头摇得象腰上被牛虻叮过的公牛。

（3）看起来伽西莫多至少又恢复了先前的冷静沉着，他默默地好象不十分费劲地在挣脱绳绑。人们看见他眼睛冒火，筋脉鼓起，四肢蜷曲，一下子就把皮条和链子都挣开了。他的力气那么大，那么不可思议，出人意外。但是总督府的旧镣铐依然在他身上，只是轧轧地响了几声就算了。伽西莫多又显出筋疲力尽的样子，他脸上的呆笨表情变成了痛苦和懊丧，他闭上独眼，把头垂到胸前，仿佛死去了似的。

师：这三段文字，都是描绘伽西莫多的。从这三段文字中，可以看出伽西莫多是个什么样的人？

生：他是一个不懂得反抗的人。

师："不懂得反抗"如果换一个词语来表达，该怎么说？一个人，不管别人在他身上施加些什么，他都不懂得反抗，用成语该怎么说？

生：（齐答）逆来顺受。

师：伽西莫多"逆来顺受"具体表现在这三段文字的哪几个词汇上？

生：（杂答）"照着做了""听之任之""听任"。

师：伽西莫多为什么会有这样的性格？

生：因为他从小就被副主教收养，习惯于听副主教的命令做事，养成了让他做什么便照着做的性格。

师：是不是也有这样一种可能呢，他从小就长得丑，大家都捉弄他，嘲笑他，他在这样的捉弄和嘲笑中一点点长大，早已习惯了听任他人的摆布？

生：也有可能吧。

师：同学们读过《巴黎圣母院》吗？整部小说的结尾，伽西莫多做了些什么样的事，知道吗？

生：伽西莫多把他的养父、副主教从钟楼上扔下去摔死了。

师：一个逆来顺受的人竟然把原本奉若神灵的养父摔死，这说明什么？如果雨果一开始就赋予伽西莫多以强烈的反抗精神，而不是这样的逆来顺受，是不是更合理，更好一些？

生：如果那样去塑造伽西莫多，效果不好，因为一个逆来顺受的人都成了杀人的人，文章的思想性才能表现得更深刻。

师：是的。如果一开始就是凶暴的人，那么最后杀死副主教，就只是个性冲动的必然结果。恰恰一开始是逆来顺受的人，结尾处的反抗才更有利于揭露社会和制度的黑暗。因为这个悲剧，已经属于社会悲剧，而非个体的性格悲剧。

师：下面这几段文字，还是写伽西莫多的。

（教师展示第四张PPT）

（4）他先是慢慢地对群众投去恫吓的眼光，但因为他是被绑着的，光是看一眼并不能赶开那些叮在他伤口上的苍蝇，于是他在绳绑中挣扎，他狂怒地扭动，把那老旧的轮盘弄得轧轧响。

（5）于是那可怜人象无法挣脱锁链的野兽一般，只好又不动弹了，他胸膛里间或迸出一声粗重的叹息，他既不羞愧也不脸红，他太远离社会生活，太接近自然状态，不可能知道什么是羞耻。而且在那十分丑陋的脸上，还能表现出什么羞耻呢？但是愤怒、憎恨、失望，逐渐在那可怕的脸上增多，成了一片厚厚的阴云，逐渐蓄满了电流，变成了千万道电光，在那怪人的独眼里闪闪发亮。

（6）他远远望见那头骡子和那个神甫，这可怜人的脸色就温和起来，一直控制着他的那种愤怒变成了奇特的充满了难以形容的甜蜜宽厚而温和的微笑。那神甫愈走近他，他的笑容就愈加明显，愈加清晰，愈加光辉灿烂，简直象是不幸的人所崇敬的救主降临了似的。

师：请注意，第5段中的"太远离社会生活，太接近自然状态"，该如何理解？

生：他现在被绑着，一动不能动，就像野兽一般，所以说是"太接近自然状态"。

师：他是因为现在被绑着了，才"太接近自然状态"吗？你觉得，以前的他又是什么样的状态？

生：他以前也是被压迫。

师：那是否可以说，他不仅现在"太接近自然状态"，其实，以前也是"接近自然状态"的。他一直生活在——

生：一直生活在一种孤单和压迫中，无法融入其他人的生活。

师：像伽西莫多这样的"太接近自然状态"的人，和其他的生活于社会群体中的人相比，会具有哪些特性？

生：（杂答）自然、简单、单纯……

师：我们再看下面一句话。那么多人骂他、打他时，他"愤怒、憎恨、失望"。可是，当他看见神甫时，"脸色就温和起来""愤怒变成了奇特的充满了难以形容的甜蜜宽厚而温和的微笑"。这样的神情变化，能够反映出什么？写出了伽西莫多什么样的性格？

生：写出了伽西莫多对副主教的非常独特的情感。从"温和""微笑"

等词汇中可以发现，他对副主教非常信任、崇敬。他可能是坚信副主教是来救自己的。

师：作者为什么要写伽西莫多的这种情感变化？

生：伽西莫多如此信任副主教，副主教却并未救他，而是离他而去。这样写，既可以表现出副主教的冷漠、自私，也可以更好地塑造伽西莫多这个人物，让他在大怒之后有了大喜，大喜之后又有了更大的失落和悲伤。

师：这个细节和后文的什么内容也建立了关联？

生：为后面写爱斯梅拉达给伽西莫多送水做了铺垫。爱斯梅拉达的善良和副主教的冷漠，也形成了鲜明的对比。

师：下面这几段文字，依旧是写伽西莫多的。

（教师展示第五张PPT）

（7）伽西莫多的脸色又黯淡起来了。微笑还在一片阴云间停留了一会，但那是痛苦的、无力的、带着深深悲哀的微笑。

（8）突然他又带着加倍的失望在锁链里挣扎，把他身子底下的木板都震动了，他打破了一直固执地保持着的缄默，用又嘶哑又愤怒的声音吼叫，这声音不象人的声音倒很象动物的咆哮声："给水喝！"这个声音把人们叫骂的声音都盖没了。

（9）他那涨得紫红的脸上淌着汗，眼睛闪着狂野的光，嘴里冒着愤怒和痛苦的泡沫，舌头一半吐出在嘴唇外面。

（10）几分钟后，伽西莫多用失望的眼睛扫视了人们一遍，又用更加令人心碎的声音喊道："给水喝！"

（11）"给水喝！"伽西莫多喘息着喊了第三遍。

（12）这时，人们看见他那一直干燥如焚的独眼里，滚出了一大颗眼泪，沿着那长时间被失望弄皱了的难看的脸颊慢慢流下来。这也许是那不幸的人生平第一次流出的眼泪。

（13）喝完水，那可怜人便伸出黑黑的嘴，无疑是想吻一吻那帮助了他的美丽的小手。……于是那可怜的聋子把充满责怪和无限悲哀的眼光望着她。

师：同学们想一想，第7、8两段中，伽西莫多的情感为什么会有这么大的变化？

生：（杂答）失望，对副主教的失望，绝望，内心的希望破灭……

师：是的，一直以来奉若神灵的副主教，在最关键的时刻，竟然弃他而去。这样的触动，比起无关紧要的人的羞辱、谩骂和鞭打，都更震撼心灵。如此，巨大的失落感，巨大的反差，也就在情理之中。

师：下面几段文字，为什么要如此详细地描写伽西莫多要喝水的细节？这又有什么样的作用？

生：三次要喝水，却没有人搭理他，还继续嘲笑他，羞辱他。这样写，就为下文写爱斯梅拉达的送水做了铺垫，也让爱斯梅拉达的善良和其他人的冷酷形成了鲜明的对比。

生：可以用这三处细节，揭示当时社会中人性的冷漠。

师：换个角度思考一个问题，伽西莫多三次喊着要水喝，是否属于一种反抗行为？

生：（齐答）是。

师：是！伽西莫多由一开始的逆来顺受，开始有了反抗。但是，这样的反抗，是一种自觉行为，还是其他的什么行为？

生：他一开始被示众、被鞭打时，没有发出任何声音。现在却三次要水喝。我觉得这应该是一种反抗。但这个反抗，似乎没有什么斗争的色彩。感觉就是一种情感的发泄，也或者就是一种本能。

师：对啊，前面不是探究过吗，伽西莫多是太接近自然状态的人，渴了要喝水，不就是一种自然状态吗。只是，他前面为什么没有喊叫呢？难道是前面不口渴，这会儿刚开始口渴？

生：我觉得，也可能是因为副主教没有解救他，给他带来了刺激的结果。

师：你说得很好。当然，我们无法知道雨果为什么要这样写，你的理解为我们提供了一种可能性。也或许还有其他的可能，比如，或许他只是一种动物性的本能反应，也或许他真的就是这会儿口渴了。有些时候，我们对相关问题的思考，不一定能够寻找到所谓的标准答案，重要的是，我们在思考。

师：我们再研究一下第12段。这个受尽了冷眼、辱骂和折磨的人，为什么会因为爱斯梅拉达送来的这杯水而流下"也许"是"生平第一次"的眼泪？这句话该如何理解？

生：我觉得，他可能是第一次受到别人的关心，所以内心深处特别感动。

师：副主教不是抚养他这么多年吗，他为什么没有因为副主教而感动，而流下眼泪？

生：因为爱斯梅拉达的关心，是在他最失望、最绝望的时候给予他的温暖。而且这个人，还是他伤害过的人。

师：是啊，来自陌生人的温暖，更为弥足珍贵。下面我们再看他的一个举动，当他喝完水后，他竟然想要"吻一吻那帮助了他的美丽的小手"。而当爱斯梅拉达因为惊吓而逃离后，他"把充满责怪和无限悲哀的眼光望着她"。我们该如何理解这里的"责怪"？

生：我想，他的"责怪"，可能是觉得自己的举动只是想要表达一种感谢，却被拒绝了，或者误解了。而他的"悲哀"，则可能是想到了自己之所以遭受笞刑，正是因为当初劫持了爱斯梅拉达。爱斯梅拉达拒绝他的感谢，也是应该的，所以他才感到悲伤。

师：你的理解很全面，很好。现在我们将这13段连起来看，可以发现伽西莫多是个什么样的人？

（生杂答，师总结。）

师：起先是一个逆来顺受的人；后来因为副主教未出手施救，他的心中生出了涟漪；再后来又因为爱斯梅拉达给他送水喝，心中又充满了一种温暖，感受到了人与人之间的真情的美好。这样的美好，唤醒了他心中对人的美好的情感，让他懂得了感激。

师：（小结）通过对上面这些内容的探究，同学们可以明白，要想在文学作品中感知人物性格，了解形象特征，就必须抓住人物的相关语言、动作、神态等细节来推敲斟酌。

师：要全面认知一个人物，我们也可以在鉴赏人物形象时，学会变化一下思考的角度。

（教师展示第六张PPT）

思考：伽西莫多是个什么样的人？

在围观者的言语中，他是……

在行刑者的皮鞭下，他是……

在克洛德的意识中，他是……

在爱斯梅拉达的眼睛中，他是……

在雨果的心目中，他是……

在"我"的认知中，他是……

师：这里的每一个省略号，都不一定拥有相同的答案。同学们表达出的，就是你们眼中的独一无二的伽西莫多。请思考一下这些省略号，看看你能将它们转化为什么样的具体信息。

生：在围观者的言语中，他是一个会给人带来灾难的魔鬼；在行刑者的皮鞭下，他是一个可怜的罪犯；在克洛德的意识中，他是一个只会给自己的声誉抹黑的晦气鬼；在爱斯梅拉达的眼睛中，他是一个值得同情的可怜人；在雨果的心目中，他是一个……

师：这个内容，课文中没有，需要用自己的话提炼一下。

生：……

师：这个省略号填不出来？那就填下一个。

生：在我的认知中，他是一个心地单纯但不被黑暗社会容纳的人。

师：这里的几个问题，角度有什么样的变化？

生：前四个问题来自课文；第五个问题，探究的是作者的情感；第六个问题，要求从读者的角度理解。

师：是的，认知人物时，这样的角度值得关注。这就是文本鉴赏中应该关注的文本意义、作者意义和读者意义。任何一种阅读都应该是这三种意义的结合体。

环节三：关注辅助信息，深化主题认知

师：下面，我们探究一下作品中的另外一些人物。

（教师展示第七张PPT）

品一品：

当"公诉"（按照法官们至今沿用的行话）执行完毕，就轮到千万种私人的报复了。在这里就象在大厅里一样，妇女们特别起劲，她们全都对他怀着某种憎恨，有的恨他奸诈，有的恨他丑陋，而以后一种人的憎恨最为厉害。

"邪教的怪物！"一个说。

"骑扫帚把的家伙！"另一个嚷道。

"做个凄惨的怪笑吧，"第三个说，"那样你就能当上愚人王了，要是今天变成了昨天！"

"得哪！"一个老妇人说，"那就是刑台上的怪笑了。什么时候他才在绞刑架上做怪笑呢？"

"你什么时候才会在百尺黄泉下把你的大钟顶在头上呢，可恶的敲钟人？"

"敲晚祷钟的就是这个魔鬼呀！"

"啊，聋子！独眼！驼背！怪物！"

"这个丑像比所有的医药还能使孕妇流产呢！"

……

"这只碗给你去喝水！"一个男人把一个破瓦罐向他的胸脯扔去，"我老婆就是因为看见你从她面前走过，才生下了一个两个脑袋的娃娃！"

"我的母猫生下了一只六只脚的小猫！"一个老妇把一块瓦片向他头上扔去，尖声嚷道。

师：这段文字中，有人"恨他奸诈"，有人"恨他丑陋"。其中，伽西莫多的"奸诈"，在课文中没有任何证据材料，人们为什么还要这样恨他？对最后这句话，又该如何理解？

生：这段文字中，所有的恨都没有因果关系。也正因为没有因果关系，才更反映出围观群众的愚昧。最后这句话，与伽西莫多全无丁点关系，完全是一种情绪的随意发泄。

师：是啊，骂人者看似个个皆有理由，却又个个全无理由。向一个与自己无关的人肆意地宣泄自身的负面情绪，这绝非文明社会应有的人际关系。这样的病态人格只能形成于病态的社会中。作者塑造这样的一个群像，真正的目的，不在于写人，而在于批判社会。

师：但是，矛盾来了。这样的一群愚不可及的人，竟然在结尾处发出如此的欢呼，这结局合理吗？人们真的如此容易感动吗？

（教师展示第八张PPT）

观众也都被感动了，大家拍着手喊道："好极了，好极了！"

生：这个结局如果放到现实生活中，可能不会发生。作者这样安排可能是为了表达作品主题的需要。他要表现爱斯梅拉达的爱的力量，就不但要让这爱心感动伽西莫多，还要感动愚昧的看客。如果看客们还是像原来一样无动于衷，或者仍然咒骂伽西莫多，那么这个作品也就没有什么社会价值了。

师：你能将情节和主题结合在一起进行思考，这是良好的思维品质，很好，你是一个善于思考的同学。下面，你再思考另一个问题——如果鲁迅先生写这个故事，会安排这样的一个结局吗？为什么雨果会这样安排？他是一个什么样的作家？

生：鲁迅先生肯定不会这样去写，因为他的小说主要是批判国民的劣根性。雨果这样写，可能是为了用善来感化读者，让读者感悟到善良和爱的力量。这和雨果的浪漫主义创作风格有关。资料中说，雨果是浪漫主义作家，不是现实主义作家。

师：你是从什么资料中了解雨果的？

生：课文注释中有一点。我买的资料中介绍得更详细些。

环节四：拓展阅读资源，丰富课堂内涵

师：善于利用工具书，加深对文章相关内容的阅读理解，这又是一种好方法。你真的很会学习。下面，我们共同了解一下什么是浪漫主义。

（教师展示第九张PPT）

（1）浪漫主义是法国大革命催生的社会思潮的产物。大革命所倡导的"自由、平等、博爱"的思想推动了个性解放和情感抒发的要求，对个人独立和自由的强调，成为浪漫主义文学的核心思想。浪漫主义文学惯用对比、夸张和想象，用词也倾向于华丽一路。浪漫派寻求强烈的艺术效果，追求异乎寻常的情节，描写异乎寻常的事件，刻画异乎寻常的性格，塑造出超凡、孤独的叛逆形象，这些都离不开对比、夸张和想象的手法。

（2）积极浪漫主义作家，敢于正视现实，批判社会的黑暗，矛头针对封建贵族，反对资本主义社会中残存的封建因素，同时对资产阶级本身所造成的种种罪恶现象也有所揭露，因而充满反抗、战斗的激情，寄理想于未来，向往新的美好生活，有的赞成空想社会主义。代表作家有英国的拜伦、雪莱、史蒂文森，法国的雨果、乔治·桑，德国的海涅，俄国的普希金（早期），匈牙利的裴多菲等。

师：从这一介绍中，我们能否理解作者为什么要写一个如此光明的结尾？

生：作者是在运用夸张和想象，写一种理想中的生活状态。

生：作者写的不是真实的生活结局，是他希望有的结局。这个结局寄托着他的一种美好价值追求。

师：两位说得都很好。浪漫主义的风格，就是要用这并不存在的想象和夸张，来为痛苦中、麻木中的人们，展示一种应有的美好情景。课文中的这个感动，是作者对现实生活的一种价值期待，他希望这个社会中的人们都能够如此。反过来看，也可以说，作者对真实的现实是不满意的。

师：雨果的浪漫主义不仅体现在这个结尾上，《巴黎圣母院》中的几个重要角色，也都是浪漫主义手法下诞生的"极品"人物。伽西莫多容貌丑到极致，心地又单纯到极致；爱斯梅拉达容貌美到极致，灵魂也美到极致；卫队长容貌美到极致，灵魂丑到极致；副主教容貌和灵魂都属于阴暗到极致。这样的极致性人物，当然不会同时集中到一个真实的时空中。作者塑造这样的形象，仍旧是为了展示"异乎寻常"的性格。这不是写实，只是浪漫。

环节五：于无疑处生疑，开掘思维深度

师：下面这两个问题，同学们再思考思考，看看它们和浪漫主义的创作风格是否相关？

（教师展示第十张PPT）

想一想：

（1）作品为什么要塑造爱斯梅拉达这一形象？

（2）将爱斯梅拉达的身份置换成一名当地群众，是否可以？

（学生简单思考、讨论后，教师提问。）

生：我觉得爱斯梅拉达的形象，在现实生活中也很难真实存在，应该也是浪漫主义手法虚构出的。有了这样的一个形象，人们才会被感动，才会由恶向善转变。

生：身份不可以置换成当地人。因为当地人都是愚昧的，都充满了没有理由的仇恨，缺乏同情心和理智。这样的大环境，无法培养出充满爱心的人。

师：为什么爱斯梅拉达现在的身份就可以代表了真善美？

生：因为她是一个流浪艺人，她在四处流浪中没有被当地的邪恶环境影响。

师：你抓住了一个重要的问题——流浪艺人。在中外文学作品中，常常会塑造这样的流浪者的形象。这些流浪者，永远是一个动态的生命，总会给封闭的、僵死的静态环境和生活于其中的病态的人，带来外部世界的新鲜和活力。当然，这里还涉及另一个问题，那就是宗教文化问题，当地人长期生活在教会势力的统治之下，中世纪的禁欲等极端思想，长期摧残着人们的灵魂，也让人们丧失了爱的能力。而爱斯梅拉达所属的民族，却不受这种宗教的束缚，崇尚自由，所以才会有这样的性格。这涉及宗教文化问题，请看大屏幕。

（教师展示第十一张PPT）

吉卜赛人：

15世纪，很多行走于世界的吉卜赛人都迁移到捷克的波西米亚，所以许多文学作品里都模糊地界定：波西米亚人就是吉卜赛人。之后，他们又以流浪的方式周游欧洲，依靠手艺无拘无束地谋生。然而好景不长，不信奉上帝的吉卜赛人被看作异教徒而遭到歧视，从而开始了他们长达4个世纪的悲惨命运。也正因如此，吉卜赛人和其文化作为主角频频出现在欧洲各国文学作品中。梅里美笔下可爱执着的卡门、雨果《巴黎圣母院》里能歌善舞的爱斯梅拉达，都是家喻户晓的艺术形象。在《巴黎圣母院》音乐剧中，爱斯梅拉达介绍自己身世时唱的那支曲子，名字就是"波西米亚"。她们身上那种纵有苦难也执着无悔的人生态度，让人充分感受到波西米亚式的迷人性格，也给后人留下了遐想的空间。

环节六：开启情感闸门，体察丰富人性

师：从这段资料可以看出，当善良的、充满了波西米亚式的迷人性格的、热烈自由的女孩，走到了死气沉沉的巴黎圣母院下时，就是一种新的文化走进了僵死的旧文化。这样的新文化必然要产生一种冲击力，要能给一些人带来精神上的触动甚至震撼，带来人性上的变化，唤醒沉睡的人性。

（教师展示第十二张PPT）

爱恨情仇，构成了缤纷的生活和精彩的文学作品。你认为本文是一首爱的颂歌，还是恨的悲歌，或者是其他？

这个问题不一定要有一个统一的标准答案。每个人的心中都有一个独一无二的伽西莫多，也有一个独一无二的爱斯梅拉达。你认为他们是善也好，恶也罢，只要能够从文本中找出证据，从文本中读出自我，便是真正的阅读。阅读就是用我们的生命和作品中的生命进行交流，进行对话。只有通过这样的对话，我们才能走进经典文学作品，并用这样的作品丰富我们的生命。今天的课就到这儿，下课。

（生鼓掌致谢）

教学反思

近些年，我在语文教学中始终致力于我的"三度"语文教学实践，力求在每一节课的教学中，都努力践行"丈量语文的宽度，营造课堂的温度，拓展语文的深度"的语文教学观。为了这样的目标，我的课堂设计多以独创性的"走进文本—走进作者—走进生活—走进文化—走进心灵"为基本流程，通过课堂中的持续对话，将文本鉴赏推向深入。

本课的教学环节设计就是"三度""五走进"的产物。在教学目标定位上，我严格遵照教材预设的单元目标而确立本课时的学习目标，使"长文短教"有了具体的取舍标准，把握住了该篇课文的"语文宽度"。而在具体的教学过程中，则不但通过一个个问题激活学生的思维，营造课堂的温度；而且通过适度的拓展，引入"浪漫主义""吉卜赛人"等文化概念，拓展语文的深度。

整节课的活动由六个环节构成。第一个环节，从预习入手，先了解学生的预习状况，顺带了解学情。该环节的价值，一是为后文的思考与鉴赏热身，二是传递一种应该知晓的学习方法。

第二、三两个环节，重在落实"五走进"中的"走进文本"。语文学习，任何时候，文本都是最重要的载体。但文本信息又无限丰富，只有依照具体的学习目标进行取舍，才能让有限的学习时间发挥最大的效益。所以这两个环节的学习，并未关注情节、环境和主题，只集中力量，探究细节背后的人物性格，感知人性的善恶美丑。

第四个环节，意在落实"走进作者"和"走进文化"。任何文本，都是作家主观意志的产物。阅读鉴赏时，了解作者为什么要如此安排情节，对于感知作品的主题意义，认识作品的形象，都是不可或缺的。另外，有关浪漫主义的概念阐释中，夸张、想象、异乎寻常等词汇，也为理解作品中的各类人物确立了理论基础。

第五个环节，侧重于"走进文化"。爱斯梅拉达的形象，在课文中比较单薄，只是一个平面化影像，远不及伽西莫多的形象立体化。但这个形象背后隐藏着的意义极为丰富，所代表的"异教徒"的自由、热情、善良等品质，对于批判中世纪欧洲基督教的神权统治有着重要的价值。故而在该环节的教学中，我预设了一个思考题，让学生们思考，能否将爱斯梅拉达的身份置换成当地人。这个问题，超越于简单的形象认知范畴，实际上是在探究两种文化的冲突，探究两种文化背景下的人性差异。

第六个环节，本意是落实"走进心灵"。由于前面的活动时间控制不够紧凑，该环节尚未完全展开，便到了下课时间。所以，原本应该探究的问题，只能留给了课后。我想，一个人思考出来的结果，与众多人交流碰撞出的火花相比，总是暗淡的。这不能不说是一种遗憾。

　　这节课结束后，名师工作室的领衔教师和市教研员都进行了即时点评。领衔教师认为课堂抓住了文本解读的要害问题，对"学生的体悟"和"教师的告诉"之间的关系处理得当，也交给了学生具体的阅读方法。市教研员认为课堂关注了文本的编者意图，尊重文本，尊重作者，落实了语文教学的有效性。两位名师也提出了建议，他们认为，介绍浪漫主义风格时，还可以将雨果的美学追求、创作特色等，一并进行介绍；对爱斯梅拉达的形象分析，也应该更深入地进行，应突出其"异教徒"的身份和"人类应有的文明"间的落差。两位名师的意见和建议，我深以为然。如果能够在课堂上将建议中的内容予以施行，"语文的深度"会得到更大的落实。

《装在套子里的人》课堂实录及教学反思

课堂实录

环节一：课前热身，告知预习方法

师：很高兴和同学们共同学习世界三大短篇小说巨匠之一——伟大的俄罗斯批判现实主义作家契诃夫的经典短篇小说——《装在套子里的人》。这篇文章，已经提前布置给同学们预习了，读了几遍课文？

生：（杂答）两遍、一遍、三遍。

师：中国有句古话，书读百遍，其义自见。预习一篇课文，只读一遍可不行，至少要读三遍。第一遍读，侧重于了解内容，知晓作者想要告诉我们的是什么；第二遍读，带着一定的问题，要思考作者为什么要写这样的内容，又是用什么样的方法表达这样的内容；第三遍读，则要进一步思考，教材的编者为什么要将这篇文章选到这个单元中来，我们需要从这篇课文中学习一些什么。

（教师展示第一张PPT）

通过预习，我读懂了这样一些内容（人物、环境、主题、情感、结构）。

环节二：预习检测，初步感知形象

师：（提问）说说看，通过预习了解了哪些内容？

生：通过阅读，我了解了这是一个叫作别里科夫的人，把自己装在套子里的故事。

生：我了解了别里科夫为什么会把自己装在套子里。

师：（追问）为什么呢？

生：因为他天天都把自己放在自己的那个小世界里，他的小世界就是他的一个套子。

生：我读出他是一个怪异的、不愿意和别人交流的、思想封闭的人。

生：我读出了他什么都怕、胆小等的性格。

生：我读出了这部作品不仅仅是想要告诉人们这个地方有一个叫作别里科夫的人，而是要借助这个人来反映一种特定时代的社会生活。

师：（追问）什么样的社会生活呢？

生：有一部分人高高在上，不理解底层人民生活的艰难。底层的人总是生活在紧张、恐惧中。

生：我读出了他总是沉浸在自己的世界里，始终把自己封闭起来。

师：（追问）他为什么总是要把自己封闭起来呢？

生：……

师：没想过啊？可以再往深处想一想的，也可以查阅一些资料。建议课后再花点儿时间研究一下。

生：我读出了凡是违背法律的事情，他都不做；凡是法律不允许的事，他都要管。

师：（提示）同学们有没有发现，为什么一个总是把自己封闭起来的人，偏偏要管那么多的事呢？这不矛盾吗？

生：我觉得他这样做是希望别人都按照他想要的方式生活。

师：（总结）通过咱们刚才的讨论，我们已经初步了解了课文的主要内容，并对别里科夫的性格以及性格形成的原因有了粗线条的了解。在层层追问中，把思考推向了深入。这些都是我们在预习中自己读出来的。当然，如果我们预习得更充分一些，或许还能够读出更多的、更深刻的感悟。

环节三：走进文本，探究"套子"本质

师：再思考一下，预习中有没有一些不明白的、认为重要的、值得欣赏的、需要探究的问题呢？

（教师展示第二张PPT）

需要探究的问题（不明白的、认为重要的、值得赏析的）。

师：注意，所有借助工具书便能解决的问题算不得真问题。那些我思考了、我查资料了，但依旧感到困惑的才是真问题。问题要从人物、主题、文体、结构等角度产生。

生：别里科夫为什么始终把自己装在套子里？这是一个什么样的社会？

生：他为什么一方面总是把自己孤立起来，另一方面却又想方设法地干涉别人的生活？

生：别里科夫为什么有能力钳制一个小城15年？他依靠什么来钳制小城？

生：文章为什么要花费那么多的篇幅，介绍别里科夫的恋爱？这样的情节，对于表现别里科夫的套中人形象有什么样的价值？

生：小说中的套子，有的是有形的，有的是无形的。这些套子，概括起来看，可以指哪些东西？套子到底是什么？

……

师：（小结）同学们发现了很多的问题，我们把刚才的问题归纳一下，便可以发现，这些问题已经涵盖了人物、主题、情节、环境四方面。鉴赏一部小说，只有瞄准了这四个方面，才能真正走进文本，形成有效对话。现在，我们把同学们的问题归纳一下，看看我们要解决哪几个问题。第一个问题是，他为什么要把自己装在套子里？套子到底是什么？

生：套子既是他用来收藏各种物品的一个工具，更是他把自己藏在里面的一个工具。

生：套子就是用来封闭自己的，使自己与外界隔绝的工具。

生：这个套子是一种思想上的套子，他是把自己的思想禁锢起来。

师：从三位同学的概括中，我们可以发现别里科夫的套子原来有两种。一种是生活中用来装各种物品的，一种是思想上的。但是现在有个问题，这篇小说的绝大多数情节写的是什么事情？写生活中的套子主要是哪几段？写思想的套子又是哪几段？剩余的内容在写什么？有没有另一种套子呢？

生：剩余内容都是写他的恋爱悲剧。

师：这属于什么样的套子呢？

生：（杂答）生活的、思想的……

师：这和装雨伞、铅笔刀的套子一样吗？再看一看课文，写生活中的套子集中在哪几段？

生：（齐答）集中在外貌描写中。

师：既然生活中的套子，已经集中几段文字描绘了，而且都是和具体的物品联系在一起。这些描绘恋爱悲剧的内容还属于生活中的套子吗？人的恋爱属于物质的生活，还是复杂的思想，或者是其他？

生：（杂答）精神的生活，思想的套子，精神的套子，情感的套子……

师：能否更集中点呢。定位准确一点，恋爱属于思想、精神还是情感？

生：（齐答）情感。

师：既然这样，别里科夫的恋爱故事中，是否就存在一个情感的套子？

生：对，人们给别里科夫介绍对象，就是给别里科夫下的一个套子。

师：恋爱悲剧中，只有这一个别人下的套子？别里科夫有没有自己弄出几个套子？

生：应该有。他对女朋友的各种要求，可以看成各种套子。不过，这些套子似乎更多还是属于思想的套子。

师：你分析得很准确啊。确实，他在恋爱这件事上，更多地还是坚持着他的思想的套子。我们是否可以这样理解，别里科夫的情感的套子中，不可避免地还装着僵化思想的套子。别里科夫绝不是恋爱至上主义者，他的僵化的思想的套子，已经把他的情感严重束缚住了，以至于情感的套子中，竟然装不进去美好的感受。

师：小结一下"套子是什么"这个问题，请同学们完成一个填空题。独立完成后，小组内交流。

（教师展示第三张PPT）

生活中，套子是别里科夫（　　）。
思想上，套子是别里科夫（　　）。
情感上，套子是别里科夫（　　）。

（学生活动，展示成果。）

生：生活中，套子是别里科夫不可缺的包装袋；思想上，套子是别里科夫约束自己、钳制他人的捆仙绳；情感上，套子是别里科夫扼杀美好的屠龙刀。

生：生活中，套子是别里科夫谨小慎微的生活模式的保护伞；思想上，套子是别里科夫逃避新生事物，逃避各种可能出现的乱子的行为准则；情感上，套子是别里科夫丧失美好、最终走向死亡的催命符。

生：生活中，套子是别里科夫自我保护、隔绝与他人交往的保护膜；思想上，套子是别里科夫维护旧秩序、抵抗新生事物、精神自我麻醉的精神鸦片；情感上，套子是别里科夫丧失审美能力、无法走进幸福的恋爱生活的厚障壁。

……

师：同学们说得都很精彩。将大家的发言概括一下，我们似乎可以得出这样一些结论。从生活中看，套子是别里科夫用来进行自我保护的工具。从思想上看，套子则是他用来自保也用来钳制别人、限制别人的工具。从情感上来看，追求爱情是人类的天性，但是在他的各种各样的套子面前，这美好的天性都消失了。我们说，人类应该诗意地栖息在这个地球上，但是这诗意地栖息是有条件的，那就是要寻找快乐、寻找开心，但是别里科夫却总是想方设法把自己装在套子里面。所以套子即是他用来自我保护的工具，也是他用来钳制别人、控制思想的工具，还是他用来逃避新鲜的生活，避免新鲜生活带来冲击的一个工具。

环节四：推敲情节，玩味言外之意

师：下面我们研究同学们提出的第二个问题，按理说文章应该重点写别里科夫的思想的套子，因为他把这个小城钳制了15年之久，应该重点写他，写他如何去钳制别人的，但这篇文章却花了这么大的篇幅去写他的恋爱悲剧，写情感的套子，这是为什么？换个角度思考，校长为什么要撮合华连卡和别里科夫结婚？

生：希望能够用爱的力量让别里科夫把套子扔掉，让他朝着美好的一面发展下去。

师：换而言之，也就是说情感是人类最美好的一种东西。别里科夫把各种物品用套子装起来，这并不会影响别人，但他无处不在的思想上的套子则会影响到别人。现在人们想要用美好的情感上的套子把他装起来，使他趋向于正常的人的生活方式，但是，别里科夫做不到。于是我们就可以发现这便形成了一种矛盾，这两者之间的矛盾，是谁战胜了谁？

生：（齐答）思想。

师：落后的、陈旧的思想套子战胜了情感上的套子。但是咱们再想一想，古今中外无数讴歌爱情的作品里面，有无数的向往美好爱情的青年，为了爱情不惜牺牲生命。"生命诚可贵，爱情价更高。若为自由故，两者皆可抛。"咱们现在想想看，"若为自由故"，才能"两者皆可抛"，别里科夫呢？他是若为什么故呢？思想吗？

生：（杂答）落后的思想，拒绝新生事物，套子……

师：对，套子。若为套子故，二者皆可抛。也就是说别里科夫只要守住了他的套子，就什么都可以不要了。这里他的可悲就体现出来了。

生：我明白了，文章之所以用这么多的笔墨写别里科夫的恋爱悲剧，其实并不是为了展示他的情感生活，而是为了借恋爱悲剧，更深刻地揭示别里科夫思想的僵化保守和不可救药。

师：这样写的好处是什么？能赏析一下吗？

生：我觉得，这样写批判性更强。如果只从正面直接描绘他思想的僵化，或者直接通过议论来批判他的僵化，都缺少足够的深度。把他放到最美好的情感中，让他在面对美好时，依旧死守僵化的思想，可以更好地批判他。另外，这样写也把小城人对别里科夫的无可奈何表现了出来。

师：你最后这句话，我们该如何理解？

生：小城的人，对别里科夫无法忍受，又改变不了他的思想，便依照人之常情，给他介绍对象，用爱的力量来改造他。

师：是啊。可惜小城的人还是失算了。大家想象不到别里科夫的思想套子如此坚固，最具改造力的爱情，也攻不破它。

环节五：深度思考，拓展文本内涵

师：第三个问题，我们来研究一下，文章题目是"装在套子里的人"，那么，是谁把谁装在了套子里？

（教师展示第四张PPT）

（　　　）把（　　　）装在套子里？

生：制度把别里科夫装在套子里，因为他的一切行动都是以现有的规章制度为前提的。

生：旧思想把别里科夫装在套子里，他始终是用旧的思想、旧的眼光、旧的标准来衡量新鲜的事。

师：换个角度思考一下，刚才我们都是把别里科夫放在后一个括号里，现在我们把他放在前面呢?

生:别里科夫把自己装在套子里。

生:别里科夫把别人装在套子里。

师:我们再抽象一点,他把人的什么装在套子里呢?

生:(杂答)思想、行为。

师:那么装在套子里的人是不是专指别里科夫一个人呢?

生:(齐答)不是。

师:通过刚才的主语和介词宾语的不断替换,我们可以发现这个作品具有了一种普世价值,放在所有人身上都可以,包括我和你。可以说,别里科夫也把我和你装在了套子里。换个角度看,我们现在有没有也被装到套子里的状况啊?

生:(齐答)有。

师:当然,套子也有好套子和坏套子的区别。装在套子里的人都有谁呢?有别里科夫,有别里科夫时代的那些人,还有以前的、当时的、现在的和未来的很多人都会主动地或被动地装在这个套子里。那么,别里科夫为什么要把自己装在套子里呢?生活中我们用套子把文具装起来是为了便于管理,但别里科夫怪诞的超乎我们想象的这些行为,除了他的害怕之外还有什么呢?

生:(齐答)逃避现实。

师:从第一段和第二段中我们能不能找出来什么呢?作者已经告诉我们了。

生:他从自我保护的角度把自己装在套子里。

师:那咱们又要想了,别里科夫为什么会被装在套子里呢?也有人没有被装在套子里呀。比如说作品里作为新的形象代表的华连卡姐弟,似乎就没被装在套子里。什么样的人才会被装在套子里面呢?

生:(杂答)守旧、落后、保守……

师:换个角度思考,在谈到别里科夫控制小城15年时,作品中说人们都是什么样的人?

生：都是有思想的、正派的人。

师：这不又和咱们刚才的结论矛盾了吗?

生：他们虽然有思想，但是没有自己的主张。

师：有主张不就是有思想吗?

生：他们的这种主张不是真正的主张，没有独立的思想。

师：你的意思是说，小城中的人的所谓有思想，与别里科夫相比可能高了一个层次，但与真正的思想相比，似乎又低了一个层次。正是因为缺少了一种真正的、独立的人格，所以才会被装在套子里。这也是我们应该牢记的一个生活宗旨：一个人要想不被别人钳制，就必须坚守自己的独立人格。只有人格独立，才能保证行动独立和思想独立。

环节六：感悟人性，汲取健康养分

师：下面我们研究第四个问题。其他人为什么会被别里科夫装进套子里呢?别里科夫不是市长，又不是警察局局长，只是一个普普通通的老师，竟然能把一个小城的人都装进套子里。小城虽小，但也会有各种各样的人。现在如果有个人强迫你一定要接受一种东西，你是否愿意?

生：(齐答)不愿意。

师：如果这个人是你同学，你怎么办?

生：(杂答)不理他，同他辩论。

师：但是别里科夫却能让人人都惧怕他，这该如何理解?

生：那是因为每个人心中都有一个套子。表面上看大家是被别里科夫装在套子里，其实是自己把自己装在了套子里，只不过大家的套子没有别里科夫的那么明显、那么夸张罢了。可能有的人的套子是透明的，有的人的是半透明的，别里科夫的套子人人可见，其他人的套子却很少被他人发现，有时自己也发现不了。

师：你思考得十分深刻，确实是这样，人之所以会被另一个人钳制住思想，根本原因在于自己把自己装进了一个套子。比如，你只有先用等级制度的套子把自己装起来了，才会被权势的套子钳制住思想。如果你是一个持有人人生而平等观念的人，那么，权势的套子就套不住你的思想与精神。

环节七：走进作者，体察创作意图

师：第五个问题，从上面的讨论我们可以发现，作者创作这篇文章，其实想告诉我们的到底是什么？

生：通过别里科夫这个形象告诉我们，人应该远离套子、走出套子。

师：你是从人物和主题的关系得出的结论。现在，你需要更详细地告诉大家，为什么"通过别里科夫这个形象"，就可以传递出"人应该远离套子、走出套子"的写作意义？

生：别里科夫活在套子里，死在套子里，因为套子而断送了爱情，因为套子而成为人见人恨的角色。套子不但毁了别里科夫，而且摧残了小城中的所有人。小说就是以别里科夫这一夸张的形象，传递出只有"远离套子、走出套子"，才能迎来新思想、获得美好爱情、获得美好生活的主题意义。

师：非常棒。这样表述，意义便明晰了。要注意，发表观点，不能只有论点，没有论据和论证。

生：我觉得作者要通过这篇文章告诉我们当时社会的黑暗，揭示社会现实。

师：你的论据和论证呢？

生：别里科夫不过是一个历史教师，他之所以能够令一个小城的人都害怕他，是因为他善于告密。如果当时的社会是健康的、正常的，告密者便没有了生存的土壤。所以我认为，作品表面上写的是别里科夫，实际上写的是当时的黑暗社会。

师：你的解读已经上升到文化的层面。小说总是这样借助一个形象来反映一个时代。建议你和同学们都关注这样一个信息：别里科夫这个形象，一方面他是这个社会的受害者，另一方面他又是一个施害者。这样的双重身份，对于理解作品的创作意图，十分重要。同学们想一想，在其他的课文中，我们是否也接触过类似于别里科夫的人？比如，鲁迅先生的作品中有没有类似的形象？另外，这种人在现实生活中有没有呢？

生：阿Q应该就既是受害者，又是施害者。他处在社会最底层，受到各方面的迫害，但他又欺负比自己更弱小的人。

生：《祝福》中的柳妈等人也是这样的形象。他们生活在社会底层，却又用冷漠、嘲讽共同将祥林嫂推向死亡。

师：相对于别里科夫而言，阿Q和柳妈等人，更具弱者属性。但阿Q属于流氓无产者，骨子里有着恃强凌弱的东西，这和别里科夫还是有区别的。柳妈倒是和别里科夫有点相似，封建迷信是她的套子，她又用这套子，套住了祥林嫂。

生：我觉得《祝福》中的四叔更像别里科夫。俩人都死守着旧规矩，都反对新事物，都试图用自己的思想钳制别人。另外，俩人看上去还都像正人君子。

师：你这一分析，还真是这么回事儿。四叔这类的形象在文学作品中还是有很多的，现实生活中也不少。这类人的共性特征就是死守旧规矩，惧怕新事物，属于常说的那种守旧派、死脑筋。这些人做很多事的出发点多不邪恶，结果却往往令人深恶痛绝。未来的我们千万别成为这样的人。

师：（小结）回到主问题上。小说以塑造人物形象为中心，但塑造人物形象的根本目的，还是在于反映社会生活。我们学习了这篇《装在套子里的人》，当然不是为了知道契诃夫曾经创作过这样一篇作品，也不是为了简单地认识别里科夫的病态人格。就像前面讨论的那样，我们要从这篇文章中，发现那些可能存在于我们身体上、思想上、情感上的各种套子，并以积极的心态摧毁这些套子。只有这样，我们才能保持独立的人格，才能不被他人钳制住思想。我想，这应该就是隐藏在这篇小说背后作者真实的创作意图。

环节八：走进课程，领悟学习目标

师：最后一个问题，文学作品浩如烟海，教材的编者为什么要把这篇文章编入教材呢？从这篇文章中我们可以学到些什么？人生观价值观方面的内容，前面都探究过了。请同学们仅从语文这一学科的属性来思考探究。

生：我觉得，既然是小说，当然要学习有关小说的知识。

师：什么样的知识才是属于小说的知识？

生：人物、环境、情节、主题什么的。比如，人物性格分析，故事情节概括，环境描写赏析，主题思想归纳，等等。

生：可以学到一些描写人物的方法。比如，作者在塑造别里科夫这个形象时，就采用了夸张化的手法来描绘他的语言、动作、神态和心理。

生：这篇文章的语言也很有特色，诙谐幽默，又有一种压抑感。

师：说得都有道理，但都有些宽泛。请同学们把书翻到本单元的第一页，看看单元说明上都告诉了我们一些什么。

（学生翻书，阅读单元说明。）

师：单元说明上介绍得很清楚。这个单元的学习重点，是"把握小说的主题和情节"。怎样把握主题和情节呢，具体的方法也告诉我们了。因为《装在套子里的人》这篇课文，具有这些知识属性，所以编者把它选到了这个单元中，让我们以这篇课文为例子，学习并掌握这些方法。当然，我们前面探究的那些也同样重要，那些是作者最想告诉我们的。把这两方面归纳起来，我们就可以发现，学习一篇课文时，不但要关注作者意义、作品意义，还要关注并落实教材的编者意义。

环节九：走进心灵，润泽青春生命

师：就要下课了，我们做一个练习，在课文的第一句话"我的同事希腊文教师别里科夫两个月前才在我们城里去世"的后面添三个字，比如很可惜、很可悲等，区别一下这句话中的"才"字蕴藏的情感。

生：我的同事希腊文教师别里科夫两个月前才在我们城里去世，很可惜。表示惋惜之情时，"才"可以理解为"刚刚""不久"，体现出对别里科夫去世的不舍和惋惜。

生：我的同事希腊文教师别里科夫两个月前才在我们城里去世，很可悲。这样说，体现的就是对死亡这件事的感触。"才"也是突出时间短。

生：我的同事希腊文教师别里科夫两个月前才在我们城里去世，很高兴。表示欢喜之情时，"才"的意思应该是"终于"。有一种恨他死得太迟的感情。

师：添加的内容不同，表达出的情感也就不同。从全文看，作者在这儿想要表达的是哪一种情感？

生：（齐答）最高兴。

师：有何证据？

生：小说结尾处有交待。结尾处说：埋葬别里科夫那样的人，是一件大快人心的事。

师：开头为什么不直接亮明情感呢？如果开篇就说别里科夫死了，很高兴，不是可以构成悬念，激发读者的阅读兴趣吗？

生：如果那样写，文章的主题就肤浅了。因为最后一段说，一个礼拜还没有过完，生活又恢复了老样子，还是郁闷、无聊、乱糟糟的。从最后的这几句话看，小城的人们原本以为别里科夫死了，一切就变好了，现在发现，事情远不是希望的那样。如此，再看别里科夫的去世，也就无所谓大快人心了。

师：你的发言，十分精彩。确实如此，当别里科夫活着时，人们都把压抑、苦闷的原因归结到别里科夫身上，所以他死了，大家都开心。但当别里科夫消逝后，一切还是原样，人们就不得不深思了。有了这样的深思，再看别里科夫的死，情感便复杂起来，无法直接表达清楚。如此看来，这篇文章的结尾段也有很多值得深挖的内容。限于时间，课堂上无法研究了，请同学们课后把结尾段好好品味品味。

师:(总结)别里科夫死了,世界并未变得精彩。之所以不精彩,是因为逝去的只是他的肉体,留下的却是看不见摸不着却又无处不在的套子。其实,别里科夫可以有套子,每个人都可以有套子。面对各种各样的侵害,你可以用套子把自己保护起来,但不能用套子对别人构成侵害,更不能够自觉主动地钻到保守甚至反动的套子里面。古人说,达则兼济天下,穷则独善其身。独善其身未尝不是一种自我保护的套子。不过,我们更应该朝向兼济天下的目标努力。总想着自我保护,总想着维护现有秩序,不是读书人应有的责任和使命。在当下,有人说,中国没有知识分子,你同意吗?

生:(齐答)不同意。

师:肯定不同意,中国知识分子多的是。但又有人说,什么是知识分子呢?知识分子必须是社会的良心,要承担起社会的良心的责任。那咱们这样一想,知识分子多不多?

生:不多。

师:其实很多人是无法成为社会的良心的。我们愿意成为社会的良心吗?

生:愿意。

师:也许吧。这个也许有两条路,就看我们往哪里走,走出那些不好的、束缚我们天性、束缚我们生命、束缚我们自由成长的套子,然后朝向美好的、光明的、明亮的前方前进,这样,我们才能成为社会的良心。今天的课就到这里,下课。谢谢同学们。

(生起立,鼓掌致谢。)

教学反思

本课的教学宗旨,依旧在于践行我的"三度"语文观:丈量语文的宽度,营造课堂的温度,拓展语文的深度。

什么是语文的宽度呢?宏观的课程目标和微观的课时目标。每一个文本走进教材后,其作为独立文本的无限可解读性,都应该受到课程目标和课时目标的制约。无论多精彩的文本,都应在具体的目标引领下,临时性充当鉴赏与探究活动的知识载体。比如这篇《装在套子里的人》,教材编写者已经在单元说明中明确规定了具体的课时目标,这就是学习的重点。而语文课程的终极目标,又指向学生的终身发展需要,这也要纳入教学目标中。将这两者结合起来,便可丈量出该文本的应有教学宽度。我在这节课的开始时之所以要求学生交流读懂了的内容和没读懂的内容,就是希望借此丈量学生的"语文宽度",确立本课时学习的"语文宽度"。在课堂教学的第八环节,我特意将这个问题再次提出,并组织学生回顾单元说明,还是这样的目的。让学生知道学习中应该重点关注什么、探究什么,是提高效率的关键。

在课堂温度的营造上,多年来,我热衷于创设有效的"问题串"。课堂的温度,既可以来自争先恐后的发言,也可以来自绞尽脑汁的思考。一般而言,先从对浅层内容的理解开始,调动起思考探究的积极性,再把问题逐步引向深入,让学生在思维的纵深处左冲右突,寻找灵感,形成妙悟,这样的"问题串",便可以串联起整个课堂,形成一波接一波的思维浪潮,让整节课充满探究与发现的快乐。这节《装在套子里的人》展示课,我用五个大问题把课堂串联起来,每个大问题下,又根据需要,分解出若干小问题。这些问题,有些来自预设,有些从学生的回答中临时生成,在彼此结合中,学生的思维始终处于高速运转状态,"温度"也就持久保存并逐步升高。

我一直认为,好的文本一定会对读者的生命构成良性的支撑。学语文,倘若只研究语法、章法和考点,不顾及文本中随处可感的意义与价值,便是典型的买椟还珠。为此,我一直追求深度拓展文本意义,我希望用文本中或显扬或隐藏的那些积极意义,点亮学生的生命之烛。要做到这一点,当然不能脱离了具体的鉴赏和探究,不能空洞说教,而是要立足文本意义的挖掘,将思考引向文化、哲学以及生命的深度空间。我在这节课上预设的第五、六、九等三个教学环节,都是在进行这样的深度探究。其中,"( )把

(　　)装在套子里"这一问题,就是把思考引向纵深的一个重要抓手。因为只有知晓了装在套子里的人并非只有别里科夫一个,只有明白每个人都被装在套子里,每个人又都试图用套子把别人装进去的真相,才能真正读懂这篇课文,才能由这一篇课文而深思文本的丰富内涵,进而深思挣脱各种"套子",走向人格独立的方法和路径。

《荷塘月色》课堂实录及教学反思

课堂实录

环节一：强化初读体验，整体感知文本

（师生问好后，开始上课。）

师：大家预习课文了吧？看了几遍？

（生杂答。有说两遍，有说三遍，有说很多遍。）

师：读很多遍读出什么了？你给大家说说，你在这篇文章中读出了什么？

生：我觉得作者在描写荷塘的夜晚时，写得特别优美，特别静谧。有一种抛弃了世俗的很悠闲的感觉。

生：我读出的是作者心态的宁静、悠闲。

生：我觉得也是一种安宁的心境吧。也就是说，读出了作者一种特殊的心情。整篇文章读下来，特别的美。

师：阅读，就是和作者进行对话，进行交流。几位同学都读出了一种非常美、非常安宁的心境，这就是对话的结果。我想问一问，你们在阅读中有没有什么困惑、疑问的地方？

生：我感到很奇怪，为什么在这么美的景色下，作者却在最后一段提到自己的家乡，说是惦念江南了。

师：好，你非常善于思考。谁来帮帮她？

生：因为他现在心情很宁静，就会想到很多过去的事情，就会想到家乡，想到江南的月色也是很美好的。我觉得，心情宁静的时候，可以想起很多过往的东西。可以勾起作者心中对家乡的思念。

师：大家都认同这篇文章中表达的是一种非常宁静的心情吗？

生：我觉得，作者也有一种淡淡的忧愁。

师：从哪儿读出来的？

生：从他的思乡以及渴望得到宁静中感受到的。

师：你能不能从课文中找到具体的、和这种淡淡的忧愁对应的句子？

生：……

师：哪位能补充一下？

生：第一句话"这几天心情颇不宁静"。

师：第一句话说的是心里不宁静，咱们刚才读出来的不都是宁静的吗？

生：他就是因为不宁静，所以晚上去散步了。散步中看到了荷塘和月色的优美景色，然后心就变得宁静了。

师：那也就是说，作者最初是"不宁静"（板书），然后，因为荷塘的景色很优美，就变得"宁静"（板书）了。那么，荷塘的景象，为什么就能够让作者变得宁静了呢？思考一下。请第二排的女同学说一说，你觉得呢？

生：景色触动了内心的情感。

师：简单地说，就是触景生情了，是吗？你喜欢这几段写景的文字吗？

生：喜欢。

师：能给大家演示一下吗？

（此生诵读）

师：咱们就从这一段看，你怎么就能读出宁静？你觉得哪些意象、哪些景物能让你觉得宁静？

生：荷叶，清香……

环节二：重点语段品读，培养鉴赏能力

师：现在，老师也读一遍这段文字，请大家注意，老师在读的过程中，会漏一些信息。请大家思考，经过老师处理后的文字变得如何了？

师：荷塘上面，是田田的叶子。叶子出水很高。叶子中间，点缀着些白花，有开着的，有打着朵儿的。微风过处，送来缕缕清香。这时候叶子与花也有一丝的颤动。叶子本是肩并肩密密地挨着，叶子底下是脉脉的流水，不能见一些颜色。

师：什么样的感觉？还能不能感受到宁静和优美？

生：（齐答）不能。

师：为什么呢？

生：少了一些词语和修辞手法。

师：这也就是说，我们在鉴赏这一段写景文字时，应该关注什么？

生：（杂答）关注细节，关注修辞。

师：是啊，一篇散文要想写得好，一定要善于使用修辞，善于虚写。咱们平时写作文时，最头疼的就是文章写不长。为什么写不长呢，因为我们总是实话实说。就像老师刚才读的这样，全是大实话，不会用修辞，不会展开联想想象，不会用虚写。所以，写出来的文章便缺少魅力。现在，咱们来琢磨琢磨文段中的几个修辞。第一个使用修辞的句子是什么？

生：（齐答）像亭亭的舞女的裙。

师：荷叶怎么会"像亭亭的舞女的裙"呢？像吗？

生：因为荷叶铺展开来，和裙子在旋转时散开很相像。

师：往下看，还有什么修辞？

生：（杂答）拟人、比喻——有袅娜地开着的，有羞涩地打着朵儿的；正如一粒粒的明珠，又如碧天里的星星，又如刚出浴的美人。

师：这里的比喻，有什么特点？

生：（齐答）博喻，一个本体，几个喻体。

师：这几个喻体，分别是从什么样的角度展开？

（学生默想后交流，分别赏析三个喻体。）

师：从这几处修辞我们可以看出，学习散文，就是要抓联想、想象，抓修辞。只有抓住了这些，才能品味出散文的特有味道来。

环节三：于无疑处生疑，换个角度思考

师：朱自清先生说，"这几天心里颇不宁静。今晚在院子里坐着乘凉，忽然想起日日走过的荷塘，在这满月的光里，总该另有一番样子吧"（此处教师重读"总该"二字）。他所强调的"总该另有一番样子吧"（板书），当然是说月夜的荷塘和白日里的荷塘相比，景色会有很大的差异。这荷塘白日里会是一种什么样的景象呢？咱们把第四段再读一读，想一想，哪些景色、哪些词，白天也能够出现？又有哪些只能夜晚才有？同座位可以交流交流。

（学生诵读、交流。教师巡视，小声和学生交流。）

生：我觉得，田田的叶子，在白天看起来，也会像是亭亭的舞女的裙。零星的白花，在白天也是袅娜地开着，羞涩地打着朵儿的。这些都是白天可以看见的。但因为缺少了月光，它们就不会具有那种温润、宁静、柔美的色泽。碧天里的星星，当然是夜晚才特有的。至于刚出浴的美人，在月光下会有一种朦胧的感觉，白天里是表现不出来的。"微风过处，送来缕缕清香，仿佛远处高楼上渺茫的歌声似的"，体现的是一种特别静谧的感觉，白日里无法感受得到。后面几个句子写的景色，我觉得白天也是可以有的。

师：刚才这位同学找了一些句子，认为有些景象是白天里可以有的，有些景象到了白天就消逝了。而这些能消逝的，恰恰是让咱们感受到宁静的那些景象。现在，咱们再回到开头，朱自清先生为什么会认为白天里日日走过的荷塘，"在这满月的光里，总该另有一番样子吧"？他认为这荷塘在月色下会增添了一些什么？

生：（齐答）宁静。

师：有了这宁静，所以他才要到荷塘边上走一走。因为他自己是——

生：（齐答）不宁静。

师：作者内心深处不宁静，所以才要找寻一种宁静。他觉得这荷塘"总该另有一番样子"。在刚才的诵读中，我们发现，是不是真的"另有一番样子"？

生：（齐答）是。

师：是的，果真另有一番样子（板书）。

师：第五个段落还是在写月下的荷塘，角度有没有变化？

生：（齐答）有变化。

师：什么变化？

生：（齐答）写月光。

师：是呀，由写荷塘转而写月光了。咱们再请一位同学，为大家朗读一下这个段落。谁愿意来？

（生诵读第五段。师强调"如梵婀玲上奏着的名曲"的断句。）

师：这一段文字美不美？

生：（齐答）美！

师："峭楞楞如鬼一般"美不美？

生：（齐答）美。

师：你说说，怎么个美法？

生：我觉得很形象地写出了月光下的荷塘景象，有一种很独特的审美感觉。

师：哦，这"鬼"是一种很独特的审美感觉。从审美角度看，这"鬼一般"的景色，有它独特的审美价值。如果我们从整体的意境氛围上看，这个比喻和前后文是否似乎有点儿不够协调？

环节四：感悟文字魅力，体察精妙语言

师：这一段文字和上面一段文字，又有了一点差别。老师把这段文字的前几句话再改变一下，看看又有什么样的差异？

师：月光静静地照在这一片叶子和花上。薄薄的青雾升起在荷塘里。叶子和花仿佛水洗过一样……这样一变化，你感觉如何？

生：我觉得改变之后，读起来很僵硬。原先的"泻""浮""牛乳"都是带有一种柔和与缥缈的感觉的。

师：你能不能具体说一说，比如这"泻"好在何处？

生："泻"像流水一样，流水是温和的。"照"就是光线直接打在荷塘上，有些僵硬。"浮"是从下面慢慢地涌上来，有一种缥缈感。而牛乳和水相比，牛乳有一种奶白色，给人的感觉相对温和些。用"水"就显得太透明，没有颜色感了。

师：那这牛乳的比喻，如果是白天，能不能用？

生：不能，只有晚上月光照耀，才能有这样的色泽。

师：刚才这位同学的发言，实际上是在教给我们鉴赏散文的另一种方法——炼字。就是说，鉴赏作品时要抓住关键的字去看。比如这个"泻"，换成"照"便缺少了美感。因为前面有个"流水"的比喻。"流水"给我们什么样的感觉？

生：（齐答）动态的感觉。

师：对，动态的感觉。用"泻"可以化静为动，让色彩和画面鲜活起来。这是鉴赏散文时需要重点关注的。由这两个段落的鉴赏，我们可以归纳出这样一个结论：要想把一段景致写得很生动、很形象，就应该怎么办？

生：（杂答）要使用修辞，要使用联想、想象。

师：在字词的使用上，有什么要求？

生：（杂答）要炼字，要斟酌词语。

师：也就是说，我们要用最恰当的字词，把我们的思想和情感准确地表达出来。

环节五：走进深度思考，捕捉隐语意义

师：请大家思考一下，江南采莲和荷塘月色有什么关系？这样写，是不是跑题了？作者写这些想表现什么？

生：第四段是描写荷塘里的景象，是实写；第五段描写荷塘里的光和影，是虚写；第六段中又说"这时候最热闹的，要数树上的蝉声和水里的蛙声；但热闹是它们的，我什么也没有"，这就说明，无论眼前的景色有多美，在作者心中，他都是一个看客。他无法融入这个景物中，便只有从自己的记忆中挖掘，于是也就想到了家乡采莲的故事。

师：说得十分精彩。荷塘的月色非常优美，但这月色并不属于朱自清。他只是一个看客。换而言之，他和荷塘无法融为一体。现在，我们回过头想一想，第五段写的那么优美的景物中，突然就跳出一句"峭楞楞如鬼一般"，这种并不美好的景象，实际上正是他对并不美好的现实的独特感受，表明了他无法和美好的月色相互交融。荷塘里的景色，虽然能够让作者获取片刻宁静，但在获取宁静之后不久，他就发现这里的一切美好和热闹并不属于自己，这也就说明了朱自清先生在荷塘中并没有实现内心的真正宁静，片刻宁静之后，他又回归了"不宁静"（板书）。而这个"不宁静"，就体现为"我什么也没有"（板书）。也正因为自己"什么也没有"，才想到了江南，想到了江南采莲的那种生活模式。那种生活模式才是作者真正渴望拥有的。

师：请同学们再思考这样一个问题，朱自清在想到江南、想到家乡之后，慰藉了内心中的孤独寂寞了吗？

生：（齐答）更加惆怅了。

师：从哪个句子中可以读出这样的感觉？

生：（齐读）"这真是有趣的事，可惜我们现在早已无福消受了"。

师：请注意这里的"早已"。"早已无福消受"跟"无法消受"相比，突出了什么？

生：突出了内心中巨大的失落感。

师：明明是"早已无福消受了"，却还是希望每天接触的景物"总该另有一番样子吧"，这反映了朱自清先生什么样的内心世界？

生：一方面对现实不满意，渴望改变现实；另一方面，又找不到理想的出路，只能把希望寄托在幻想之中。

师：你说得很精彩！"总该另有一番样子"确实是一种幻想。现实生活中，我们会在什么样的场合使用"总该"这个词？你能用"总该"造一个句子吗？

（生思考）

师：（提问另一生）你造了一个什么样的句子？

生：这个物品总该是我的吧。

师："总该是我的"，是不是你的？

生：不是。

师：我们常常会这样说，"我总该考一次一百分吧！"考没考到？

生：（齐答）没有。

师：是的，"总该"说明以往多是不如意的，眼下依旧不如意，即使是希望中的事物，也并无多少实现的可能。由此我们可以想到，朱自清所希望"总该另有一番样子吧"的荷塘，和现实中的荷塘，其实并非同一个荷塘。朱自清先生在文章中描绘的荷塘，和他心目中渴望拥有的荷塘，有一个很大的落差。这个落差，正是他难以在荷塘中获取真正的宁静的根本原因。

环节六：梳理文章思路，交给具体方法

师：通过以上的分析，我们对文章的整体框架进行了梳理。现在，我们回过头再盘点一下，这篇文章，作者是依照什么样的思路来写作的？学习散文，一定要了解散文的思路。在研究这篇散文的思路之前，我想和大家一起研究一篇初中时学过的散文——《岳阳楼记》。《岳阳楼记》第一段怎么写的？

生：（杂背第一段）庆历四年春，滕子京谪守巴陵郡……

师：能概括一下吗？这段写什么？

生：重修岳阳楼的经过，以及写作本文的原因。

师：第二段写什么？

生：描绘洞庭湖的景象。

师：第三段、第四段又写了什么？是眼前的，还是想象的？

生：（齐答）想象的景象。

师：后面两段呢？还是想象吗？

生：（齐答）抒情议论。

师：也就是说，范仲淹要由前面的景物来抒发一种人生的感慨。由这可以发现，《岳阳楼记》是依照一种什么样的框架写作的？先交代什么？

生：（齐答）写作的缘由。

师：简单地说，就是"缘起"。然后，第二部分呢，怎么样？

生：（齐答）写景物。

师：是的，对景物进行描述。接着又写什么？

生：（齐答）想象的景物。

师：是的，写联想想象的景物。最后如何收尾？

生：（齐答）抒情议论。

师：概况起来，我们就可以发现，《岳阳楼记》是依照"缘起—描述—联想—感悟"的框架写作的。《荷塘月色》是否也是用这样的方法写作的呢？我们把《荷塘月色》的内容往这框架里套一套，看看是否有共同点。

（生依照要求研究《荷塘月色》的内容结构）

师：缘起是什么？

生：（齐答）这几天心里颇不宁静。

师：因为这个缘起，朱自清才出去到荷塘边散步。咱们刚才重点研究到第四、第五段，加上没有研究的第六段，都是在做什么？

生：（齐答）描述。

师：梁朝采莲的故事呢？

生：（齐答）联想想象。

师：有没有感悟？

生：（齐答）有。

师：哪些是感悟？

生：（齐答）这真是有趣的事，可惜我们现在早已无福消受了。

师：比较两篇文章的框架结构，我们可以得出哪些结论？

生：我们可以用这样的框架写散文。而且，这个框架中的每一块内容，都不是固定的，内容可多可少，要依照写作目的来确定详略。另外，既然是散文的常见结构，我们也就可以用这样的框架来鉴赏散文。

环节七：总结学习内容，回扣学习目标

师：最后，我们对今天所学内容进行小结。同学们想一想，我们今天主要学习了些什么？

（生在座位上各自进行学习内容的自结，师在学生大体完成自结后，提问一女生。）

生：学习了散文鉴赏的技巧，还拓展到了散文写作中的一些东西。

师：怎样鉴赏散文呢？

生：可以抓住修辞手法，可以炼字，还可以抓住联想想象以及一些重点字词展开。

师：是的，这些都是鉴赏散文所必备的方法。我们说，阅读的过程就是欣赏的过程，在这个过程中，我们必须学会慢慢地品味文字，才能真正走进文本之中，走进作者的情感世界里。让我们记住这些。今天的课就上到这里，谢谢同学们，下课。

（生起立，鼓掌致谢。）

教学反思

《荷塘月色》是高中语文传统名篇。苏教版教材将其放置在必修二"慢慢走，欣赏啊"主题单元的"一花一世界"模块内，单元学习目标是借助典雅优美的文字，培养起品读、鉴赏散文的应有能力。学习该课，自然需要紧扣文本内容展开，在词句的赏读玩味中，一步步走进作品的整体意境，一步步感受作者的独特情感。

本课为某大型活动的展示课。因为是借班上课，授课又是在会议室里进行，还有数百位来自全国各地的听课教师在旁边观摩。这些都难免会对学生的学习心理造成影响。教学中，必须首先打消学生的紧张心理，想方设法调动起学生的好胜心和展示欲。同时，作为全国性活动的展示课，也需要将一种教学理念传递给来自四面八方的同行。故而，授课基本采用现场临时生成问题的方法，依照学生的理解力和教学内容间的有机联系而推进。当然，几处体现课时学习目标的教学内容，还是需要一定的预设。

备课时，我预设了这样四个教学目标：

（1）初步养成通过意象分析和炼字炼句品读散文的能力。

（2）以"总该另有一番样子吧"一句，带动起文本的阅读鉴赏，品评文字背后的作品意义和作者意义。

（3）了解散文"缘起—描述—联想—感悟"的结构特征，为以后的散文学习与写作奠定基础。

（4）借助课后练习的内容，引导学生学习多视角鉴赏文本，培养和文本对话的精神与能力。

我在这节课中想做的就是努力回归《荷塘月色》的课文属性，让《荷塘月色》的教学活动，始终围绕着"语文"这个核心而展开。我希望通过我的思考和实践，引领学生走进快乐的语文时空，感受来自语文课的美好，体悟来自语文的快乐。

《师说》课堂实录及教学反思

课堂实录

环节一：读懂题目，整体感知文本内容

师：很高兴有机会和同学们一起学习，今天，我们共同赏读传统文言名篇《师说》（板书：师说）。谁能说一说，这个题目应该如何理解？

生：这个题目中包含了几方面的信息。首先可以理解为"老师在说"，因为作者韩愈就是李蟠的老师，韩愈写作这篇文章，就是要告诫李蟠从师学习的重要性；其次也可以理解为"说老师"，因为韩愈在这篇文章中，反复强调的就是老师的重要性；另外，这篇文章还包含了从师学习应有的态度、从师学习的方法、从师的意义等很复杂的内容。

师：非常精彩。由你的回答可以发现你是一位很会学习的同学。你很善于从文章中提炼要点。现在，你能不能将刚才的发言再提炼一下，用最概括的话语说出你对"师说"这个题目的理解。注意，不是对课文的理解。

生：说求师的态度、方法。

师：你的意思是说，"师说"这两个字，正确的顺序其实应该是"说师"，是吗？你认为，题目中的"师"，不是指老师，而是指"求师的态度和方法"。我的理解正确吗？

（生点头认同。师请生坐下。）

师：这位同学告诉我们，"师说"这个题目，不是常规意义的"老师说"，而是说一说老师，说一说从师学习的意义，说一说从师学习的方法等。换而言之，题目中的"师"，就是一个拥有多种意义的词汇。"说"呢？如何理解题目中的"说"？

生："说"不能简单理解为谈一谈、说一说。"说"是一种古代文体，类似于现代的杂文。

师：很好。"说"这种文体的课文，我们学过哪些？

生：（杂答）《捕蛇者说》《爱莲说》《马说》。

师：这几个题目应该如何理解？

生：用现代文的题目来表示，应该是"论捕蛇者""论爱莲""论马"。

环节二：把握线索，理顺文本逻辑关联

师：明白了题目的意义后，请同学们思考一个问题：韩愈写作本篇文章的直接原因是什么？请用课文中的原话来回答，可以讨论。

（学生速读课文，一分钟后，相邻同学间开始讨论交流。）

（教师提名回答）

生：针砭当时的社会，因为当时的人们都耻于从师学习。

师：嗯，你认为这是最直接的原因。那么，你觉得韩愈写作本文的最根本原因又是什么呢？

生：最根本的……老师，我再想会儿吧。

师：最直接的原因，最根本的原因，大家注意啊，这是两个不一样的问题。一个浅，一个深。

生：这篇文章是韩愈送给他的学生李蟠的。这就是直接原因。

师：用课文中的话，如何说？

生：李氏子蟠，年十七，好古文，六艺经传皆通习之，不拘于时，学于余。余嘉其能行古道，作《师说》以贻之。

师：刚才，你用朗诵的语调给大家读了这段话。我们换一种角度，现

在,你就是唐朝的韩愈老先生了,我是某电视台的记者,我来采访你,你看看,还是这段话,你应该用什么样的语气语调来表达?

师:(扮电视台记者,手持话筒采访此生)请问韩老先生,您为什么要写这篇《师说》送给李蟠啊?

生:(仍用朗诵的语调回答)余嘉其能行古道,作《师说》以贻之。

师:韩愈会用这样的语气语调说吗?你是韩愈老先生啊,不是中学生呢。想想,韩愈的身份、年龄、语气、语调……琢磨琢磨。

(此生模拟老人的语气语调,用口语叙述的方式陈述该段落。)

师:这就对了,这是生活语言。我们表达意义时,要注意依照不同的用途来处理语气语调。

师:还是这段话,如果用现代汉语来说,又该怎么表述?请依旧注意语气语调。换个同学来表述。

生:(模拟老人的语气语调)老李家的那个小子啊,可是个好小伙子呢!年纪轻轻的,十七岁,很喜欢文言文啊。四书五经啥的,都学了个遍。更难得的是啊,不赶时髦,拜我做老师,跟在我后面踏踏实实地读书学习。我喜欢这孩子能按古人的规矩办事,就写了这篇文章送给他……

(此生的模仿赢得了热烈的掌声)

师:回到课文的最后一段,现在,如果我们把韩愈写作《师说》的直接原因分解成两点,那么,这两点分别是什么?请用课文原话回答。

生:不拘于时,行古道。

师:这里的"古道"是什么?在文章中具体指哪些内容?

生:我觉得这里的古道,应该是指古人从师学习的风尚。

师:你能不能在课文中找到对应的句子?

生:古之圣人,其出人也远矣,犹且从师而问焉。

师:这是一处,说的是古人善于从师而问。还有吗?

生:圣人无常师,也是说的古道。

师:圣人无常师,把这个意思往下进一步拓展,还能得出什么样的结论？无常师，那就有什么？

生：有很多的老师。

师：其他同学有没有可以补充的？

生：我认为还有课文第一句的"古之学者必有师"。另外，刚才这位同学说的"圣人无常师"后面的几个句子，也可以归纳进来。"弟子不必不如师，师不必贤于弟子。闻道有先后，术业有专攻。"

师：是的，"古道"在课文中的内核还是很丰富的。只是，从师而学，从师而问，以能者为师等，都不过是常识。韩愈为什么会对能够"行古道"的李蟠格外赏识？

生：在韩愈生活的时代，这样的常识已经被世人丢弃了。能够"行古道"的人，已经极其稀少，是时代的另类了。所以韩愈才说李蟠"不拘于时"。

师：说得真好！李蟠不拘于时，所以得到了韩愈的赏识；世人"拘于时"，韩愈自然就要对其进行批判。这样的批判才是他写作本文的根本原因。下面，我们研究一下韩愈是如何批判时俗的。哪位同学能概况一下，课文中的"时俗"具体指什么？都有哪些表现形式？

环节三：细节研读，从字句中发现意义

生："时俗"最典型的病症就是"耻学于师"。具体来说，一是"爱其子，择师而教之；于其身也，则耻师焉"；二是"句读之不知，惑之不解，或师焉，或不焉，小学而大遗"；三是"曰师曰弟子云者，则群聚而笑之"。

师：你将课文中"时俗"的三种表现形式都筛选出来了。请你把"句读之不知"这个句子翻译一下，好吗？

生：不了解句读，不能解决心中的困惑，有的人跟随老师学习，有的人不跟随老师学习，小的东西学习了，大的东西遗失了。

师：这个句子的翻译是否准确体现出了"时俗"的病症？请你点评一下。

生：我觉得他把前面两个宾语前置句很好地翻译出来了。后面的两个"或"应该不正确。一般情况下，两个"或"字连用，应翻译成"有时……有时……"。

生：这个句子翻译时应该调整一下语序。课下注释已经有提示了，应该是不了解句读，便跟随老师学习；有疑惑不能解决却不愿问老师，小的知识学习了，大的道理却丢失了。

师：两个"或"字，你觉得应该如何翻译？

生：从注释看，两个"或"应该翻译成"有的……有的……"。

师：正确。古代汉语中，"或"虽然很多时候可以翻译成"有的人"，但在这个句子中翻译成"有的人"，意义便偏离了文本内容了。这句话说的是同一个人对待不同知识时是否从师学习的态度，不是不同的人。文言翻译一定要注意语境意义。

师：除了这三个具体的句子之外，课文第二段的其他语句，表现的是什么样的内容？比如"是故圣益圣，愚益愚。圣人之所以为圣，愚人之所以为愚，其皆出于此乎"这样的句子，在文段中有何作用？先请一位同学把这句话翻译一下。

生：因此圣人更加圣明，愚人更加愚昧。圣人之所以成为圣人，愚人之所以成为愚人，大概都是由于这个原因吧？

师：这个句子中，有哪几个重点词汇需要关注？

生：前一句话中的前一个"圣"和"愚"是名词，后一个"圣"和"愚"是形容词。后一句话中的"圣"和"愚"都是名词。另外，两个"之所以"也应该重视，可以翻译成"……的原因"。"出于此"是状语后置，应该翻译成"于此出"，意思是"因为这个原因而形成"。

师：很好，这个句子中的几个信息点都准确把握住了。你再说说，这个句子在文段中有何作用呢？

生：我认为韩愈是用这个句子揭示"耻学于师"的后果。

生：我觉得这个句子是对前面的"古之圣人"和"今之众人"两种行为

的归纳。古代的圣人已经远远高于普通人了，还从师而问，所以他就更加圣贤。现代的普通人已经很笨，还不从师学习，所以就更加愚笨。这个句子，还是在谈从师学习的重要性。

师：是啊，这篇文章整个都是在谈从师学习的重要性，第二段当然不能跑出这个主题。区别只在于，有些句子是通过概述列举现象，有些句子是通过议论直接剖析。不管采用什么样的表达方式，最终目的都是相同的。

环节四：感悟情怀，走进作者的灵魂深处

师：通过对第二段内容的梳理，我们已经大体了解了韩愈对待"耻学于师"行为的态度。只是，你们觉得韩愈是用嘲讽的态度对待此种行为，还是用痛心的态度对待此种行为？下面，请同学们分别用嘲讽的语调和痛心的语调诵读这段文字。品一品，韩愈会是哪一种情感？

（生自由诵读后合作探究）

生：我觉得韩愈应该是以痛心的态度看待耻学于师的行为。因为只有感动痛心，才会想着改变，才会写这篇文章，用来唤醒麻木的众人。

生：我也觉得是痛心。韩愈希望有很多个李蟠那样的杰出青年出现，只有这样的人，才能摆脱愚笨，成为圣贤。但现实中这样的人太少，所以他很痛心。

师：有没有人觉得是嘲讽？

生："群聚而笑之"这个细节中应该有嘲讽。这就像一个特写镜头，将持有荒唐观点的人的可悲又可耻的形象刻画出来了。对这类人，作者是冷嘲热讽的。当然，对整个社会风气，更多的可能还是痛心。

师：看来同学们对韩愈的痛心的态度基本认同。痛心，是因为想要疗救，想要改变。不过，问题来了。韩愈生活的时代，了不起的文人很多，比如柳宗元、白居易、刘禹锡、元稹等，为什么只有韩愈看到了"耻学于师"的社会病，并站出来大声呼吁？其他人是否也挺身而出与他一起携手呐喊？请大家先阅读一则材料。

（投影展示）

《答韦中立论师道书》译文：

当今之世，便不曾听说有谁要做别人的老师，有这种想法，人们便总是七嘴八舌地嘲笑他，认为他是个狂人。只有韩愈不顾流俗，顶着世俗的嘲笑和侮辱，收召后辈学生，还写了《师说》这篇文章，并态度端正地做别人的老师。世俗之人果然群聚而以为怪事，纷纷咒骂，添油加醋地污蔑诽谤。韩愈因此而得到了"狂"的名声。

师：这段文字中包含了哪些信息？请归纳提炼。

生：这段文字首先也是写的当时社会耻学于师的现实，接着写了韩愈不顾流俗而招收学生，以及他倡导从师学习的态度与行为，然后写时俗对韩愈的攻击，最后写韩愈得到"狂"的名声。

师：通过这些信息，你能发现什么样的隐藏意义？比如，对韩愈的行为，支持者多不多？

生：韩愈是孤军奋战，因为文章中说"只有韩愈不顾流俗"。

师：从这段文字看，你觉得柳宗元是否认同韩愈的观点和行为。

生：柳宗元应该是认同韩愈的主张的，他写这段文字，其实就是在声援韩愈。

师：是的，柳宗元和韩愈是中唐时期古文运动的两面旗帜，两个人在反对时弊、倡导恢复秦汉文风方面持有大体相同的主张。这样的主张作用到《师说》所反映的社会现象中，就是柳宗元也同样赞赏"好古文"，也赞赏古人从师学习的好风尚。因为只有陷于时弊泥潭中的众人都能够向韩愈、柳宗元学习，古文运动才能真正形成气候。否则，他俩便是"光杆司令"了。

环节五：变式训练，强化积累文言知识

师：柳宗元用文字声援韩愈，柳宗元当然不会写白话文，甚至不会采用中唐时期的常用表达形式来写这段文字。下面考考大家的文言功底，请各学习小组通力合作，将该段文字翻译成文言文。

（学生哗然，既而以四人为一学习小组，开始合作翻译文句。5分钟后，教师抽检两个小组的研究成果。）

生：方今之世，不闻有欲为师者，有此念者，人皆笑之，认为狂人。唯愈不顾流俗，冒俗之嘲侮，收后学，作《师说》，且正颜为师。俗之人果群聚而怪之，皆咒骂，肆意诽之。愈因之而得"狂"名。

生：今之世，不曾闻有欲为他人师者，有此念，众则杂言笑之，认为狂人。只愈不避俗，冒俗之笑辱，收门徒，著《师说》，且端正为师。时人果聚而以为怪，皆骂之，尽辱诽。愈由之而得"狂"之名。

师：两个学习小组的翻译都很精彩，基本做到了字字落实，文从字顺。柳宗元是如何写的呢？请看大屏幕。

今之世，不闻有师，有辄哗笑之，以为狂人。独韩愈奋不顾流俗，犯笑侮，收召后学，作《师说》，因抗颜而为师。世果群怪聚骂，指目牵引，而增与为言辞。愈以是得狂名。

——柳宗元《答韦中立论师道书》

师：柳宗元的文章，是不是还没有同学们帮他写的文言文更好懂？道理很简单，同学们的文言文是建立在现代白话文的基础上的，更类似于古白话。柳宗元倡导古文运动，注重文句的典雅。他的语言是书面语言，甚至可能是师从先秦两汉的语言。高中阶段的文言文学习，只要求大家能大体上读懂一篇文言课文。刚才两个小组展示的文言文，已经符合这样的学习要求了。

环节六：走进文化，探寻获得教养的途径

师：由《师说》和柳宗元对韩愈的评价，我们已经对韩愈这个人有了一定程度的了解。下面，请同学们思考一个相对抽象的问题：韩愈为什么要

"不顾流俗,犯笑侮,收召后学,作《师说》,因抗颜而为师"?他的精神支柱会是什么?

生:这个单元的主题是"获得教养的途径",谈的是教养问题。从这点出发,韩愈的精神支柱应该是他的教养。

师:教养是一个比较抽象的概念,如果将它具体化,会包含哪些内容?

生:应该包含学问、理想、人生观。

师:韩愈的学问,我们不必质疑,也无需考证。他的理想与人生观会是什么?从《师说》和韩愈的其他作品中,能归纳出来一些吗?

生:从《师说》看,韩愈的理想应该是纠正社会上的不良风气,让大家都回到从师学习的正确道路上。其他的作品好像没学过。

师:韩愈有一首诗歌,我们后面会学习到,题目是《左迁至蓝关示侄孙湘》。

(投影展示)

左迁至蓝关示侄孙湘

韩 愈

一封朝奏九重天,夕贬潮州路八千。
欲为圣明除弊事,肯将衰朽惜残年。
云横秦岭家何在?雪拥蓝关马不前。
知汝远来应有意,好收吾骨瘴江边。

师:诗歌中的哪一句话,可以回答我们刚才的问题?

生:(齐答)欲为圣明除弊事,肯将衰朽惜残年。

师:这句话是什么意思?你给大家说一说。

生:应该是说他想要帮助皇帝做一些事,纠正社会上的各种弊事,所以不会顾惜自己的年老体衰。

师:是啊,人活着总是要有所追求的。韩愈心中想着的就是要为皇帝、为朝廷、为社会做一些有价值的事情。这有价值的事情,就是要尽己之力,革除弊事。这样的精神,在稍早一些的杜甫身上,也同样存在。杜甫也曾在诗歌中表达过这样的志向:"致君尧舜上,再使风俗淳。"杜甫想的也是帮助朝廷革除弊事,整顿世风民俗。从杜甫和韩愈的身上,我们读出了古代文人的一种担当精神,一种社会责任意识。这样的精神与意识,正是从春秋战国时代延续下来的儒家思想的体现。知不可为而为之。道之所在,千万人吾往矣。拥有了这样的精神,杜甫和韩愈们便走出了个体利益得失的小圈子,走进了"舍生取义"的崇高道德境界之中。这些古代文人,这些古代的知识分子,知道健康的社会需要什么,知道自己应该为社会的健康做些什么,有了这样的人,社会才能获得真正的进步。就为了这,我们就应当对他们保持足够的尊敬。

师:千年弹指一挥间,今天,韩愈老夫子批评的现象消失了吗?

生:没有。老师说过的,现在社会的中国人,每年的人均读书量与欧美发达国家相比是最低的。

生:成年人中的大多数现在都没有"从师学习"的习惯。现实生活中的成年人,包括一些未成年人,多数人不愿意读书学习。就像我们的大多数家长,终日里逼着我们读书,自己却不去读书。这种现象,和韩愈说的还真差不多。

师:两位说的都是实情。有人将当下社会概括为"娱乐至死"的时代,这话虽然有点夸张,但也反映出了一种普遍现象。幸运的是,现在不只是一个人在呐喊,从最高层到民间,很多有识之士都开始倡导全民阅读,倡导建立学习型社会。有了这样的呐喊,辅之以越来越多人的积极参与,或许不久的将来,"娱乐至死"就转换为"终身学习"了。

环节七:走进心灵,用文本滋润灵魂

师:快要下课了,哪位同学为大家总结一下,我们这节课主要学习了哪些内容?

生:这节课老师带领我们理解了文章的题目,抓住"古道""不拘于时"

两条线索，学习了课文内容，翻译了文章中的一些重点句子。然后根据这个单元的主题，告诉我们如何获得教养。

师：你的归纳能力挺强，三言两语便把我们这节课的要点拎出来了。今天这节课，我们伴随着韩愈老先生，一同走进了中唐的社会，了解了病态社会中的病态化学习心理，也感受到了以韩愈为代表的古代知识分子的社会责任意识。通过对这篇课文的学习，同学们除了要能够结合课文注释读懂这篇课文，翻译并背诵这篇经典，掌握重点实词和重点语句，还应该由《师说》以及韩愈本身发现"获得教养的途径"。这途径是什么呢？概括而言，就是一个读书人、一名知识分子的社会责任意识。同学们要知道，并不是读书很多的人就能够被称为知识分子的。要做一名知识分子，在知识积淀之外，更需要有强烈的社会责任意识。这一点，以色列人康菲诺就有很好的阐释。请齐读这段文字：

（投影展示）

知识分子的五个特征：

（1）对于公共利益的一切问题——包括社会、经济、文化、政治各方面的问题——都抱有深切的关怀；

（2）这个阶层常自觉有一种罪恶感，因此认为国家之事以及上述各种问题的解决，都是他们的个人责任；

（3）倾向于把一切政治、社会问题看作道德问题；

（4）无论在思想上或生活上，这个阶层的人都觉得他们有义务将一切问题找出最后的逻辑的解答；

（5）他们深信社会现状不合理，应当加以改变。

（学生齐读）

师：这段文字给你带来了什么样的触动？

生：我觉得，概括起来，还是要求读书人具有社会责任心。

生：我们中的大多数人将来都会读大学，甚至读博士。当我们的知识越来越丰富时，也应该让我们肩膀上承担的社会责任越来越多。

生：我的感触是，国家兴亡，匹夫有责，知识分子更有义不容辞的责任。

生：我想起初中时教室里面的一句话："为天地立心，为生民立命，为往圣继绝学，为万世开太平。"我觉得如果能这样去做，就会成为一名优秀的知识分子。

师："为天地立心，为生民立命，为往圣继绝学，为万世开太平。"说得真好！张载的这四句话，确实为我们中国知识分子画了像。人们都说，知识分子是社会的良心。我相信，每一个同学，都愿意去做这样的良心。只是，真要将它落实到行动中，还有很漫长的路需要一步步走下去。今天的课就上到这里，祝同学们将来都能以知识分子的形象，顶天立地于社会中。

教学反思

《师说》是高中语文课本中的传统名篇。苏教版将其收录于必修一第二主题单元"获得教养的途径"中，为讲读篇目。该单元共两个模块三篇选文，第一模块"求学之道"含《劝学》《师说》两篇经典文言作品，第二模块"经典的力量"，只《获得教养的途径》一篇课文。教材编订者确立的单元学习目标，一是要借助三篇课文的学习，引领学生思考诸如"为什么人需要在学习中不断地反省自己的行为""为什么要从师问道""为什么要阅读经典杰作""怎样才能成为一个有教养的人"等宏观问题，了解"识字，不等于有知识；有知识，不等于有教养"的基本道理。二是要引导学生探究文章中思想呈现的形式，学习其生动、清晰地阐释事理的方法。

此种目标定位，具体到课堂教学活动中，便要求执教者在引导学生学习文本时，必须同步落实两方面的学习目标：既明白课文写了什么和为什么写，能够从课文中汲取足够的精神养分，又理清课文的结构，掌握必要的分析论证方法。此外，文言文学习中，对于具体的"言"的关注，也是始终绕不过去的一个教学重点。

实际教学中，我依照"三度语文"的常规结构形式，将课堂活动区分为七个环节。归纳起来，这七个环节依旧是"走进文本—走进作者—走进生活—走进文化—走进心灵"。我始终坚信，经历了千年风雨洗礼的文言经典，最有资格充当学生的灵魂滋养液。如果学习一篇文言文，仅只关注了虚实词、文言句式、翻译、默写，实在是一件愧对祖宗的事情。

也许有人会说，你这样的教法，学生如何应付中高考的文言试题呢？试卷上又不考心灵的事儿，只考古汉语知识。我以为，这样的担心很多余。一篇文言文，学生阅读下来，本就可以读懂60%以上的字词。再辅之以课下注释，便达到80%以上。有了这80%以上的知识，"读懂浅易文言文"的课程目标足以实现。更重要的是，将通过自己的自学便可完成的任务交还学生，不正是在培养学生的自主学习能力吗？教师教给学生的应是他在自主学习中无法完成的。那些翻一翻资料便能掌握的，为什么非要在课堂上逐字逐句去讲解。

我在课堂上拓展的有关知识分子责任的相关内容，我以为，必不可少。语文教学应该承担起雕塑灵魂的重任。这样的重任，拒绝空洞说教，必须有具体的课文做载体。当我们遇到了《师说》这样的文本时，就应该透过文字，让学生感受到作者的高尚灵魂。

有人说，教育就是一棵树摇动另一棵树，一片云推动另一片云，一个灵魂影响另一个灵魂。将这句话用到语文课堂教学中，首先便该用作者这颗高贵的灵魂去影响学生的灵魂。当心与心的交流碰撞出思考的火花时，这火花便成了一粒种子，播种到了学生的灵魂深处。假以时日，它便会生根、发芽、开花、结果。

附录　名师、媒体人眼中的"三度语文"

　　刘祥老师是举着课改大旗，热切地呼喊和奔跑甚而不惜焚身于太阳下的"语文夸父"。纵观刘祥老师的诸多课例，都是大开大合之作，颇有我以我血荐语文轩辕的牺牲精神。不管其褒贬如何，其在特定历史时期的语文价值都不可小觑。其实，语文如同革命，没有一批一腔热血的语文人的呐喊与奋斗，那语文的解放时代也必定迟迟不能到来。

　　——王　君（中学语文特级教师，新生代语文名师，"青春语文"首倡者）

　　在语文的大道上，刘祥老师眺望前方，踏踏实实、勤勤恳恳地走着，追寻着一种"精神"的存在。这种精神，在他饱含生命力的课堂中，时刻绽放着熠熠光辉。刘祥老师用生命的热情与横溢的才华，在语文世界里，尽情展示他的诗情画意，实现他对美的追求。

　　——蔡　明（中学语文特级教师，正高级教师）

　　刘祥老师的书，我大抵都读过，有的还是我的案头书，常读常新，总觉滋味绵长，让我的语文生活变得有滋有味。祝贺祥哥的新著出版，读目录你就可以窥见他对语文课程、语文课堂的独到见解和基本主张。他用一位身处教学一线的特级教师的视角和我们聊语文，有宏观阐释，有中观解析，也有微观观察，你会发现语文教学真的"有滋有味"。

　　——丁卫军（中学语文特级教师，江苏省教学名师，简约语文首倡者）

我们乡下人说"有滋有味",那意思是:特别有意思、有情趣、有自在感、有幸福感。祥哥用它来修饰"教语文",一方面,可见他对怎样教语文怀有一种深切的理解与期待,另一方面,更可见他对自己的语文学科教学的满足与得意。"有滋有味教语文",不错的。用心品味,语文本来就有滋有味。

——刘恩樵(中学语文特级教师,正高级教师,江苏省教学名师)

语文的滋味来自文学的魅力,语文教学的滋味来自教师的积淀,刘祥老师深谙此道,他勤于读写,敏于反思,善于把握语文教学的"度",他的课堂有诗意、诗性,也有思的深邃与宽广。这样的语文课学生喜欢,一线的老师也能读出滋味,悟出语文教学的门道。

——袁爱国(中学语文特级教师,正高级教师)

刘祥兄是国内最早一批提出"教材体系化""课堂教学体系化"共建的一线教师。没有扎实的教学实践,焉能有此痛感?没有对课程论、教学论的深入研究,焉能有此洞见?没有对于教育的隐忧,焉能有此执念?现在,"部编本"也面世了,"核心素养"也有框架了,刘祥兄的新作也即将出版了,我想,刘祥兄呈现给读者的,一定是更为成熟的思考。

——王益民(中学语文特级教师,江苏省教学名师)

刘祥老师的语文课,大气、厚重之中不乏灵动与飘逸。诗歌教学,清新俊朗,洒脱奔放;散文教学,典雅精致,余韵悠长;小说教学,凝练深邃,启人心智;实用文教学,诗思同构,人文旗帜高扬。这样的语文课,关注的是生命,是灵魂,是情智,是成长。

——李仁甫(中学语文特级教师,正高级教师,江苏省教学名师)

惊喜地读到刘祥先生的新著,第一次这样亲切地接近本真的语文。能够读出语文的滋味是一种深广的涵养，能教出语文的滋味则是一种大智慧。祝贺刘祥老师！

——杨邦俊（中学语文特级教师，湖北省作家协会会员）

刘祥老师的语文课是有语文味的语文课，是有温度的语文课，是提升学生语文核心素养的语文课。刘老师的课堂发现学生，发掘学生，发展学生，成就学生。为师者，当为刘祥也。

——卢世国（江苏省中学语文特级教师）

喜欢读刘祥的文字，他的文字如同他的课堂，知识的深度之上总能让人感受到特有的温度和风度。字里行间既蕴藏着思想者的理性，又饱含了教育者的情怀。

——陈　峰（江苏省中学语文特级教师）

第一次接触刘祥老师的语文课，是 2010 年 8 月"人教杯"课改十年经验总结会上的《登高》公开课；第一次系统性了解刘祥老师的语文教学理念，是 2012 年 8 月庐山教研活动中读他赠阅的《语文教师的八节必修课》。刘祥老师的语文课，从课程出发，朝向学生的"主体实践性阅读"迈进，体现出十分优秀的课程意识与生本意识。其"三度语文"理念，在语文界独树一帜。我相信，这部《有滋有味教语文》也一定能给所有的语文教师带来不一样的语文滋味。

——蒋玉萍（广西壮族自治区中学语文教研员，广西中语会秘书长）

喜欢刘祥老师的文章，那里有力透纸背的生命启迪。读他的文章如同品洞庭银针，齿颊留香；品他的教学设计犹如赏江南春色，赏心悦目。刘祥老师的课堂有理想、有信念，展现了语文人应有的教学姿态；他钻研语文的那股韧劲，让人感受到他对教育事业的温度、热度与厚度。刘祥老师的语文

"有滋有味",邀您同赏。

——曹海英(《中学语文教学参考》资深编辑,著名媒体人)

刘祥老师的语文课,没有政治的羁绊,没有逐大流的尾随,更没有盲目的人云亦云和虚空的追捧。只有那份属于语文的独一无二的温度、宽度和深度,年复一年、日复一日地滋养着年轻学生的生命。

——蔡　伟(浙江师范大学教授,浙派语文教育研究中心主任)

读刘祥老师的《有滋有味教语文》,愈发品出了语文的滋味。从这部作品中你将感受到一位富有人文情怀的语文教师的境界求索,但却又不是"空中楼阁"的乌托邦,而是从知识在场、技能在场到生命在场的扎根耕耘。这部作品是刘老师"三度语文"的升华,构筑了语文"技""艺""道"有机融汇的生命大课程。

——梅培军(南京师范大学语文课程与教学方向教育博士,广西语文名师)

我觉得有滋有味的课堂必然是洋溢着教者浓郁的个人才华,流淌着学生迫切的求知渴望,模糊着师生教与学的界限。读刘祥教师的课例,更加深了我对这一看法的认知。《有滋有味教语文》,不错的,它告诉你的,是语文教师应具有怎样的情怀和学养,才能让课堂有滋有味。

——沈庆九(中学语文特级教师,正高级教师,江苏省教学名师)

后 记

写作这本书，用了两年时间。两年间，大脑如初夏时节的树，几乎每一天都在生长着语文教育教学的崭新的枝叶。这样的疯长，超出了这本书的预设目标，旁逸出了若干篇教学论文，发表在数家语文教学期刊上。留给本书的，依旧是两年前的主干与主枝杈。

两年间，读了几十本教育教学的书，既有国内语文课程建设的相关著作，又有国外教育理论与教育实践的相关译著，还有众多一线名师的教学专著。我用这样的阅读，不断修正自身对语文教学的理解，力争让本书中介绍的各种方法更具科学性、规范性和操作性。

为了避免说教，我在写完相关章节后，便将内容传给我的徒弟们，让他们从青年阅读者的视角发现问题，以便我进一步修改完善。我希望书中的每一辑内容，都既能给读者带来宏观视野上的开启，又能带来微观技法上的参考。

现在，书稿终于完成了。室外，今冬的第一场雪还未化尽，冰封的土地上满是银杏的金黄色的叶。室内，我一边听着禅味十足的音乐，一边写着这篇后记。脑海中浮出的，终于不再是语文教学的道与术，而是白居易的"晚来天欲雪，能饮一杯无"。

回想起本书的写作动因，很豪壮，也很伟大：疗救当下语文教学中的诸多病症，为迷惘中的语文同行标识前行的路标。果真做起来，才发现能够疗救的，只是自身。语文这门学科，着实隐藏了太多的虚妄。每一个置身其中者，总难免在幻象中滋生"我即真理"的怪念头。我跳不出这个怪圈，其他人也没跳出。

本书的理念与技法的出发点是"三度语文"。"三度语文"的诞生，获益于教育科学出版社"新生代语文名师·立场书系"。四年前，教育科学出版社的编辑们为了让"立场书系"名正言顺，从我所主张的"丈量语文的宽度，营造课堂的温度，拓展语文的深度"语文教学理念中提炼出这个名词，将我那部专著命名为《追寻语文的"三度"》。本书中对若干语文问题的思考，即是对那部作品以及更早的一些专著《语文教师的八节必修课》的延续。

本书中另有一些观点，获益于王荣生先生的语文课程理论；书中援引的若干案例，取材于《语文教学通讯》。当我以三十年的教学实践为筛子，对王荣生先生的理论和《语文教学通讯》2016年第7至8期上的诸多课堂实录进行筛选时，无论是筛去的，还是留下的，都只是当下我对语文教学的个性化见解。这样的见解，难免有偏颇，但绝不会荒谬。

书稿写作过程中，得到了很多朋友的帮助。有人督促我的写作进度，有人帮助我校对文字，有人为我提供修改意见，有人为我写序和推荐语……我的家人也在生活上给予我无微不至的关爱与呵护。在此对所有为本书的付梓贡献过力量的人致以真诚的谢意！

此外还要感谢我所引用的案例的作者们。无论我是将你们的案例作为成功典范进行褒扬，还是作为有缺憾的课例进行剖析，我的目的都不在于评价你们的个体学养，而是借你们的智慧说我心中的语文。

自2010年出版第一部作品起，六年间，我出版了十部专著，算起来该有二百余万字。这十部作品，如十层台阶，帮助我一步步攀向教育教学的高峰。我不清楚接下来的若干年间，我是否还能出版更多的作品。唯一可以知晓的只是一个最普通的常识：行走，抵抗虚无。

2016年11月24日

图书在版编目（CIP）数据

有滋有味教语文：语文教师应知的教学技巧 / 刘祥著 .—上海：华东师范大学出版社，2017

ISBN 978-7-5675-6255-4

Ⅰ.①有... Ⅱ.①刘... Ⅲ.①中学语文课—教学研究 Ⅳ.① G633.302

中国版本图书馆 CIP 数据核字（2017）第 048051 号

大夏书系·语文之道

有滋有味教语文
—— 语文教师应知的教学技巧

著　　者	刘　祥
策划编辑	卢风保
审读编辑	任媛媛
封面设计	奇文云海·设计顾问
出版发行	华东师范大学出版社
社　　址	上海市中山北路 3663 号　邮编　200062
网　　址	www.ecnupress.com.cn
电　　话	021-60821666　行政传真　021-62572105
客服电话	021-62865537
邮购电话	021-62869887　地址　上海市中山北路 3663 号华东师范大学校内先锋路口
网　　店	http://hdsdcbs.tmall.com
印 刷 者	北京密兴印刷有限公司
开　　本	700×1000　16 开
插　　页	1
印　　张	16
字　　数	220 千字
版　　次	2017 年 5 月第一版
印　　次	2021 年 12 月第六次
印　　数	18 101-21 100
书　　号	ISBN 978-7-5675-6255-4/G·10211
定　　价	39.80 元
出版人	王　焰

（如发现本版图书有印订质量问题，请寄回本社市场部调换或电话 021-62865537 联系）